이상한 나라의 앨리스 레시피

The Alice in Wonderland Cookbook: A Culinary Diversion by John Fisher
Copyright © John Fisher 1975
All rights reserved.
This Korean edition was published by JUNGEUNBOOKS in 2015 by arrangement
with John Fisher c/o SHEIL LAND ASSOCIATES LTD.
through KCC(Korea Copyright Center Inc.), Seoul.

이 책은 (주)한국저작권센터(KCC)를 통한 저작권자와의 독점계약으로
정은문고에서 출간되었습니다. 저작권법에 의해 한국 내에서 보호를 받는
저작물이므로 무단전재와 복제를 금합니다.

정은문고는 신라애드의 출판브랜드입니다.

이상한 나라의 앨리스 레시피

ALICE'S COOK BOOK

John Fisher

With Illustrations by
Sir John Tenniel

차례

서문	06
보글널	19
루이스 캐럴의 옥스퍼드 마멀레이드	21
'나를 마셔요' 수프	24
'나를 먹어요' 케이크	27
코커스 과일사탕	30
조약돌 케이크	34
고무줄 버섯	37
상냥한 앨리스풍의 에그 본느	40
'후추 너무 많이' 안 뿌린 수프	43
체셔 고양이의 치즈 수염	47
모자 장수 도넛	50
당밀 우물 타르트	54
우유 단지에 빠진 토끼	59
달달한 보리사탕	62
얼얼한 겨자	65
빵가루 안 입힌 대구	68
바닷가재 구이	72

올빼미와 표범 파이	76
가짜 거북 수프	79
하트 여왕의 잼타르트	84
거울 속 우유	88
아주 퍽퍽한 비스킷	91
스냅드래곤	94
프루멘티와 민스파이	96
버터바른빵나비 푸딩	100
굴 만찬	103
내일 잼과 어제 잼	113
아주 예쁜 달걀	116
'H'로 시작하는 햄 샌드위치 버터	119
혼성빵	122
거울 나라 케이크	128
빨종이 푸딩	132
프래터	137
꽃 샐러드	139
앨리스를 위한 축배	142
양고기 다리 구이	145
요술 푸딩	148
부록 1 정신의 식생활	153
부록 2 만찬에서의 에티켓 몇 가지	163
옮긴이의 말	167

서문

앨리스! 루이스 캐럴의 상상 속에서 이상한 나라로 아슬아슬한 여정을 떠나고 거울 속으로 연기처럼 사라졌던 이 소녀의 이름이 붙은 요리책이 나왔다. 소녀의 모험담을 기록한 두 권의 책에 익숙한 독자에게 앨리스와 요리의 결합은 그리 놀라운 일이 아니다. 이 책에서 소개하다시피 캐럴의 두 걸작 속에는 음식과 먹는 행위에 대한 언급이 빅토리아 시대 크리스마스 푸딩에 든 건포도만큼이나 자주 나온다. 토끼 굴에 들어가자마자 앨리스는 오렌지 마멀레이드 딱지가 붙은 단지를 만난다. 곧이어 미처 생각을 추스를 겨를도 없이 떠오른 고민, 바로 그 유명한 질문이 나온다. "고양이가 박쥐를 먹을까? 박쥐가 고양이를 먹을까?" 그러나 단지는 비어 있고, 이제 앨리스는 제 고양이 다이나에게 밥 주는 일조차 마음대로 할 수 없는 처지임을 깨닫는다. 이런 상황이 앨리스 이야기에서 되풀이되는 모티브다.

앨리스는 긴장과 욕구불만이란 감정상태를 오간다. 앨리스가 무엇을 먹거나 마시려 할 때마다 결과는 둘 중 하나다. 시도에 그칠 뿐 번번이 마지막 순간에 좌절하거나, 아니면 먹고 마신 행위의 여파로 놀이공원 거울방이 아니고서는 현실 세계에서 상상하기 힘든 그야말로 충격적인 신체 변화를 겪는다. "나를 마셔요"와 "나를 먹어요"는 신체 사이즈의 극과 극 상반된 변화로 앨리스를 불러들인다.

가망 없는 것들이 가장 장황하게 나열되는 장면은 모자 장수가 연 다과회다. 그곳에서 앨리스가 먹을 수 있는 건 한 가지도 없다. 사자와 유니콘의 건포도 케이크는 애초에 자르기가 불가능하고, 케이크가 스스로 조각으로 나뉜 뒤에도 당황한 앨리스 입에 들어갈 몫은 남지 않는다. 거울 나라 만찬장에서도 마찬가지다. 수프와 생선 요리는 늦어서 놓치고, 양고기는 예의가 아니라 먹지 못하며, 포도주병들은 음식 접시외 눈이라노 맞은 듯 어울려 날아다닌다. 정원과 법정 에피소드에는 튤립 알뿌리로 오해한 양파와 도난당한 잼타르트가 나온다. 여기서 음식은 마음을 괴롭히고 죄책감을 유발하는 원인이다 바다코끼리와 목수의 '굴' 시라든지 돼지와 후추 에피소드의 수프 이야기도 인정 없고 모질기만 하다.

평론가들과 정신분석가들은 일찌감치 캐럴의 작품에서 음식이 이렇게 언급되는 이유를 경쟁에 대한 집착이 남긴 흔적으로 해석했다. 자그마치 형제 셋, 누이 일곱과 함께 자란 루이스의 어린 시절은 경쟁으로 물들 수밖에 없었고, 어린 나이의 이 형제간 경쟁은 필시 음식에 얽힌 변덕과 편애로 표현됐다는 주장이다. 캐럴의 초기작으로 추정되는 몇몇 작품에도 음식 모티브가 스며 있다는 사실 역시 이런 해석을 뒷받침한다.

일찌감치 1845년에(캐럴, 아니 본명으로 부르자면, 찰스 럿위지 도지슨 *Charles Lutwidge Dodgson*은 1832년 1월 27일에 태어나 1898년 1월 14일에 사망했다) 쓴 시 「남매*Brother and Sister*」에 보면, 자기 누이로 양고기 육수를 끓이려고 요리사에게 냄비를 빌리려다 실패하는 오빠의 이야기가 나온다. 시의 끝은 "절대 누이로 스튜를 끓이지 말라"는 교훈으로 마무리된다. 그로부터 8년 뒤 캐럴은 가족들에게 즐거움을 주려고 직접 글을 쓰고 편집한 잡지 『미쉬매쉬*Mischmasch*』에 「두 형제*The Two Brothers*」라는 시를 발표했다. 여기서는 동생을 낚싯바늘 미끼로 사용하는 형이 등장한다.

수십 마리 물고기가 바삐 몰려들어
다들 금세라도 물어뜯을 기세,

그 애가 던져준 어린 사내아이 어찌나 보들보들한지
꽤 입맛이 당긴 모양이야.

결국 이들 누이의 심장이 "세 갈래로 찢어지고" 누이가 슬퍼하는 소리가 들린다.

"둘 중 하나는 속속들이 젖을 테고,
다른 하나는 티타임에 늦을 텐데!"

이런 해석에 앞장선 비평가 필리스 그린에이커*Phyllis Greenacre* 덕분에 캐럴의 초기 그림 「초라한 식사」도 주목을 받았다. 캐럴이 만든 또다른 가족 잡지 『목사관 우산*The Rectory Umbrella*』에 실린 이 그림은 존 프레데릭 헤링*John Frederick Herring*의 기존 그림을 패러디하는 동시에 "동종요법(극소량의 약물을 반복해 복용하는 치료학)의 해악"을 생생히 보여주려는 의도를 담고 있다. 그림은 엄격하고 검소한 한 가정의 저녁 식탁을 엄숙하게 묘사한다. 옆에서 지켜보는 집사가 털어놓기를 "고작 주먹보다 작은 빵 한 덩어리의 10억분의 1"만큼이 남는다는데, 그나마도 요리사가 "다음 주까지 조금이라도 남겨둬야" 해서, 어머니가 빵집에서 "1조분의 1만큼 더" 빵을 주문하라고 시키기에 이른다. "맥주가 반 방울 좀 넘게 남아 있다 한들 나는 감히 마실 수가 없다"는 형의 말풍선은 캐럴 본

인의 검소함을 드러내며, 말벌처럼 잘록한 모든 인물의 허리는 캐럴의 일관된 화풍을 보여준다. 마른 사람은 비정상적으로 마르게, 뚱뚱한 사람은 비정상적으로 뚱뚱하게 표현하는 이런 특징은 캐럴이 직접 그린 『이상한 나라의 앨리스』 초고 삽화에서도 두드러진다. 경쟁심이라는 주제가 제대로 드러나는 대목은 꼬마 소녀가 어머니에게 동생에 대해 투덜대는 장면이다. "엄마! 소피가 꼭 분자만큼이라도 더 가져야 해? 지난번에도 가져가는 걸 내가 똑똑히 봤단 말이야!"

형제간 경쟁에 주목하는 해석이 기발함을 넘어 지나치게 억지스럽다고 보는 이들도 적지 않다. 앨리스가 음식 때문에 겪는 곤란을 모든 아이가 겪는 경험의 환상적 과장 정도로 이해해도 크게 무리는 없다. "오늘 저녁은 뭐냐"고 물으며 엄마를 귀찮게 하다가 "신선한 공기와 눈뭉치"라든가 "따뜻하게 데운 빈 접시"라는 케케묵은 엉터리 대답만 듣고 돌아섰던 일. 밥맛 없어진다며 군것질거리를 압수당한 일. 아이들이 소리를 높이는 게 금기인 시절에 식탁이야말로 가정에서 예의범절을 엄수하는 신성한 장소라고 귀에 못이 박히게 듣던 기억. 형제자매가 있든 없든 모든 아이가 한 번쯤 겪었음 직한 경험들이다.

그렇더라도 먹는 행위, 특히 식욕을 가로막는 방해물이란 존재가 캐럴의 작품을 관통하는 주제라는 사실에는 이론의 여지가 없다. 유명한 난센스 시 「스나크 사냥

The Hunting of the Snark」(1876)에서 신비한 생명체 스나크는 음식을 상징한다고 해석해볼 수 있다. 이 수수께끼 같은 생명체를 판별하는 특징으로 '종잡이*Bellman*'가 "틀림없는 다섯 가지 특징"을 일러주는데, 그 가운데 첫 번째가 이것의 맛이다.

"밋밋하고 속이 텅 빈 듯한데, 바삭바삭하지,
마치 허리가 좀 지나치게 딱 붙는 외투에
도깨비불 향을 가미했달까."

'종잡이'와 함께 이 탐험 항해에 동행하는 이들 가운데 '푸주한*Butcher*'과 '빵쟁이*Baker*'가 있다. '푸주한'은 비버 외에는 죽이지 못하는 인물이고, '빵쟁이' 역시 제약이 만만치 않아 구울 수 있는 게 웨딩케이크뿐인데 그나마도 "케이크에 넣을 재료를 구할 수 없다." 마침내 "발견된" 스나크는 공교롭게도 부줌*Boojum*의 한 종류다. 부줌을 보게 된 사람은 보는 즉시 사라지기에, 이 시의 끝에 빵쟁이 역시 같은 운명을 맞는다.

제목부터 의미심장한 E. G. 윌콕스의 동화 『사라진 건포도 케이크*The Lost Plum Cake*』(1897)에는 캐럴의 서문이 수록되어 있다. 살아생전 출간된 그의 마지막 글이다.

이 책에 부록으로 실린 「정신의 식생활」이 처음 발표된

시기는 그로부터 10년 뒤였다. 본래 1884년 10월에 했던 강연을 글로 옮긴 것이다. 이 글에서 캐럴은 우리가 몸의 건강을 위해 쏟는 정성을 마음의 건강에도 기꺼이 적용할 줄 알아야 한다고 말한다. 이를테면, 사탕을 지나치게 많이 먹으면 소화불량의 반격을 피할 수 없을 테니 마음의 경우에는 엄청난 양의 "가장 달지 않은 독서"가 유일한 처방이라는 것이다. 이 글은 동시에 두 가지 재미를 선사한다. 하나는 글의 엉뚱한 묘미이고 다른 하나는 작가의 식습관에 대한 통찰이다. 젊은 친구들에게 보내는 서신에서도 식습관을 놓고 엉뚱한 여담을 건네기는 하지만, 실제와 상상의 아슬아슬한 경계에 위치하곤 해서 사실적인 통찰을 얻기는 힘들다. 제시 싱클레어*Jessie Sinclair*에게 보낸 1878년 1월 22일자 편지를 예로 들어보자.

> 그냥 자네에게 내가 좋아하는 몇 가지를 말해주는 편이 낫겠네. 그럼 자네가 나한테 생일 선물을 주고 싶을 때마다(내 생일은 7년에 한 번씩 돌아오는 4월 다섯째 화요일이네) 무엇을 줄지 고민할 필요가 없겠지. 자, 내가 꽤나 좋아하는 것으로는 얇게 편 쇠고기 조각 위에 살짝 얹은 겨자가 있네. 또 갈색 설탕도 좋아하지, 단 지나치게 달지 않도록 사과 푸딩이 좀 섞여 있어야 하네. 하지만 뭐니뭐니해도 내가 가장 좋아하는 건 약간의 수프를 끼얹은 소금이야. 수프의 용도는 소금이 지나치게 마르는 걸 방지해

주고 또 소금이 잘 녹게 해주는 거라네.

초대장 하단에 쓰인 회신을 바란다는 약자 R.S.V.P.가 그 행사에 반드시 착용해야 할 의복, 다시 말해 "빨강*Red* 스카프*Scarf*, 조끼*Vest*는 분홍*Pink*"을 나타낸다고 말하는 편지도 있다. 과연 이런 이야기를 어디까지 진지하게 받아들여야 하는지는 아무도 모를 일이다.

옥스퍼드 크라이스트처치 칼리지에서 수학을 가르치는 교수로 평생을 수련한 캐럴은 지나치리만큼 자기 절제가 철저했다. 평소 점심으로 셰리주 한 잔과 딱딱한 비스킷 한 조각 이상을 먹는 법이 없었다. 남의 집에 손님으로 가서도 이 습관을 고수한 탓에 주위의 젊은 친구들을 상당히 당혹스럽게 만들곤 했다. 반면 캐럴 자신은 이 친구들의 지나치게 왕성한 식욕에 놀라움과 경악을 금치 못했다. 캐럴에게 먹는 행위는 중요한 생물학적 기능인 동시에 일종의 사교활동이었다.

그래서인지 그는 철저하게 자신이 정한 방침 외에는 따르지 않았다. 크라이스트처치의 사각뜰, 대식당의 주빈석, 교수 휴게실로 이어지는 안진구역 바깥에서 벌어지는 만찬회는 "따분한 사람들과 잡담이나 주고받는" 자리라며 좋아하지 않았다. 어쩌면 이 말은 대화를 해야 할 상대방뿐만 아니라 숫기 없고 말을 더듬는 자신을 겨냥한 말일지도 모른다.

사실상 캐럴은 초대 자체를 일종의 침해로 여긴 까닭에 원칙적으로 다른 사람의 초대를 수락하지 않았다. "저를 초대하셨기 때문에 저는 참석할 수가 없습니다"라는 게 그의 통상적인 답변이었다. 자신을 회원으로 받는 사회조직에는 소속되고 싶지 않다며 할리우드 고급 클럽의 회원자격을 거절한 배우 그루초 막스*Groucho Marx*가 연상되기도 한다. 그런데 캐럴 자신이 남들에게 초대장을 보낼 때는 사정이 달라졌다. 『실비와 브루노 완결편*Sylvie and Bruno Concluded*』(1893)에는 이런 대목이 나온다. "만찬회의 큰 장점은 친구들을 만날 수 있다는 것이다. 보고 싶은 사람이 있으면 그에게 먹을 것을 제공해라. 쥐에게도 같은 방법이 적용된다." 캐럴은 대부분 음식을 제공받기보다 제공하는 입장이 되기를 고집했다.

만찬의 주인 역할을 수행할 때 그의 태도는 마치 군인처럼 정확했다. 하루의 일과를 수행할 때도 매한가지였다. 해 질 녘 아직 못다 하고 남은 일의 양에 따라 취침시간이 달라지는 정도가 예외라면 예외였다. 매번 파티의 자리 배열을 얼마나 꼼꼼히 기록했는지도 그의 일기에 드러나 있다. 같은 손님에게 너무 자주 같은 음식을 내지 않도록 메뉴 기록부까지 작성했다.

메뉴의 중복을 피하기가 쉽지는 않았을 것이다. 캐럴이 가장 좋아하는 접대 방식은 일대일 식사자리였고, 가장 좋아하는 손님은 젊은 여성 친구들이었다. 그가 남긴 앙상한 뼈대 같은 기록에 살이 되는 이야기가 바로 이런 손님들의 회상이다. 이디스 올리비에*Edith Olivier*는 자신의 책 『워클리 씨를 모른다*Without Knowing Mr. Walkley*』에서 도지슨이 초대하는 전형적인 저녁 만찬을 이렇게 묘사한다.

> 옥스퍼드에서 그의 지위가 지위였던 만큼, 보호자 동행이라는 엄격한 규율이 그의 경우에는 이례적으로 면제되었다. 우리 주위의 권위 있는 이들이 보호자 동행을 깐깐하게 고수했다면, 도지슨 씨는 동행자가 없어야 한다는 입장을 역시나 깐깐하게 고수했다. "나는 단둘만의 저녁 만찬 외에는 좋아하지 않습니다. 그러니 혼자 오지 않으려면, 아예 오지 마십시오." 음식은 항상 똑같았다. 코스는 단 두 가지, 먼저 잘 익힌 양갈비살 그리고 다음은 머랭이었다. 뒤이어 포트와인 한두 잔이 나오고 식사 후 한 시간 정도 차를 마셨다.

또 다른 친구 이사 바우먼*Isa Bowman*은 『루이스 캐럴 이야기*Story of Lewis Carroll*』에서 차를 내리는 캐럴만의 특별한 방법을 자세히 묘사하고 있다.

> 그는 특히 차에 관해 굉장히 까다로운 사람이어서, 항상 직접 차를 내렸다. 차를 제대로 우리려고 정확히 10분 동

안 찻주전자를 좌우로 흔들면서 방안을 서성이고는 했다. 근엄한 교수가 찻주전자를 신중하게 앞뒤로 흔들면서 책이 빼곡한 서재를 어슬렁거리는 모습이 우스꽝스러워 보일지 몰라도, 그는 자질구레한 일상의 행위 하나하나를 지극히 세심한 손길로 다루었다. 처음에 놀라던 사람도 그의 세심한 편의를 금세 실감하게 되었다.

나중에 캐럴은 이 찻주전자 의식에 한 가지를 더 추가했다. 하얀 기사에 빙의해 직접 고안한 특이한 부착물인데, 주전자를 화로에서 들어 차를 따를 때 사용하는 일종의 냄비 손잡이었다. 이것 덕분에 손을 델 염려도 없고, 번번이 사라지고 없는 지저분한 행주를 찾는 고생도 사라졌다.

젊은 손님들의 마음을 사로잡는 요인은 그 밖에도 많았다. 사진 건판이 고안되기 훨씬 이전 어수선한 시절에 벌써 옷을 갖춰 입고 캐럴의 카메라 앞에 선다든지, 왕성한 창의력으로 그가 고안하는 게임과 속임수와 퍼즐, 거꾸로 돌려 들려주는 뮤직박스, 곰처럼 걷고 박쥐처럼 나는 동작인형 등등. 하지만 원작 앨리스에 영감을 제공한 앨리스 리델 *Alice Liddell*은 캐럴과의 만남에서의 진정한 백미로 직접 들려주는 이야기를 꼽았다. 『콘힐 매거진 *Cornhill Magazine*』 1932년 7월호에 실린 앨리스의 글이다.

우리는 긴 소파에 그를 가운데 두고 양옆에 나란히 앉아 그가 연필이나 펜으로 삽화를 그려가며 들려주는 이야기를 듣곤 했습니다. 도지슨 씨가 비축해놓은 환상적인 이야기들은 그야말로 무궁무진했습니다. 말을 하면서 즉석에서 이야기를 지어내기도 하고 이야기하는 내내 큰 종이 위에 바쁘게 그림을 그리기도 했습니다.

앨리스와 캐럴의 식사 자리는 캐럴의 집에만 한정되지 않았다.

여름학기에는 많으면 네댓 번 정도 도지슨 씨와 오후에 강으로 놀러 나가곤 했습니다. 그때마다 도지슨 씨가 케이크가 가득한 큰 바구니와 주전자를 들고 와, 주위에 눈에 띄는 건초더미 아래 주전자를 묻어 두었습니다. 아주 이따금이지만 하루 종일 함께 놀러 나갈 때면 식힌 닭고기와 샐러드, 그밖에 갖가지 맛있는 것들이 담긴 커다란 점심 바구니도 있었습니다.

그렇게 소풍을 나갔던 1862년 7월 4일, 앨리스 리델은 처음으로 "이상한 나라의 앨리스" 이야기를 들었다.

나이를 불문하고 책의 지면 너머 한 차원 더 깊이 앨리스의 모험을 산섭 경험하고 싶은 독자들에게 이 책이

쓸모 있는 도면이 되기를 기대한다. 캐럴이 상상한 세상과 멀지 않은 그곳에서는 아마도 파이 껍질 한입에 머리카락이 곱슬곱슬한 소녀가 되어, 주황 뿌리채소를 먹고 눈이 밝아진 흰 토끼를 만날 수 있지 않을까?

존 피셔

보글녘

"단어풀이 솜씨가 참 좋으시네요. 혹시 「재버워키」라는 시의 뜻을 좀 가르쳐 주시겠어요?" 앨리스가 묻자, 험프티 덤프티가 답했다.

"어디 들어보자. 나는 지금까지 지은 시들은 전부 풀이할 수 있거든. 물론 아직 짓지 않은 시들도 풀 수 있지."

꽤 기대가 되는 말이라 앨리스는 얼른 첫 연을 읊었다.

'Twas brillig, and the slithy toves
Did gyre and gimble in the wabe;
All mimsy were the borogoves,
And the mome raths outgrabe.

보글녘, 미끈늘씬 토브들이
해내늘땅 빙돌며 후비뚫고 다녔네.

보로그브들은 하나같이 비슬딱하고,
길설운 라스들은 울피불었네.

험프티 덤프티가 말을 잘랐다.
"우선 그 정도면 됐다. 거기까지도 어려운 단어들이 많이 나오네. '보글녘'은 오후 네 시, 그러니까 저녁에 보글보글 밥 짓는 시간을 말하지."
"그런 말이로군요." 앨리스가 말했다.

『거울 나라의 앨리스』 1장 중에서

~~~~~~~~~~~~~~~~~~~~

먼저 레시피와 관련해 몇 가지 간단한 사실을 짚고 넘어가자.

1. 한 숟가락은 따로 명시하지 않는 한 깎아서 한 숟가락을 말한다.

2. 밀가루는 베이킹파우더가 들어 있다고 명시하지 않는 한 보통 밀가루를 말한다.

3. 오븐은 약 15분 정도 예열한다.

4. 사람마다 식욕에 차이가 크기 때문에 알맞은 양을 가늠하기 어렵지만, 한 요리에 최소 4인분은 넉넉히 나올 것이다. 단 레시피에 달리 명시되었거나, 누가 보아도 1인 분량이 확실한 경우 혹은 잼이나 마멀레이드처럼 대량 조리인 경우는 예외다.

5. 마지막으로 혹시 계량 단위가 다르다면, 1파인트는 568밀리리터, 1온스는 28.35그램임을 기억한다. 보통 1온스는 30그램으로, 4온스, 8온스, 1파운드는 각각 115그램, 225그램, 455그램으로 계산한다. 파인트는 줄곧 영국식 파인트를 사용했다. 미국식 파인트는 영국식 파인트의 3/5에 해당한다.

루이스 캐럴의
옥스퍼드 마멀레이드

　토끼 굴은 터널처럼 곧게 뻗어 가다가, 느닷없이 바닥이 쑥 내려앉았다. 어찌나 갑작스러운지 앨리스는 멈춰 설까 생각할 겨를도 없이 깊디깊은 우물 같은 곳으로 떨어졌다. 우물이 아주 깊어서인지, 아니면 앨리스가 아주 느리게 떨어져서인지, 떨어지면서 주위를 둘러보고 다음엔 무슨 일이 벌어질까 궁금해할 시간은 충분했다. 처음에는 밑에 무엇이 기다리고 있는지 알아보려고 아래쪽을 내려다봤지만 너무 캄캄해서 아무것도 보이지 않았다. 그래서 좌우를 살폈더니 찬장과 책장이 벽을 가득 채우고, 여기저기 지도와 그림들이 못에 걸려 있었다. 선반들을 지나치던 앨리스가 그중 한 곳에서 단지 하나를 집어 들었다. '오렌지 마멀레이드'라고 적힌 딱지가 붙어 있었지만, 실망스럽게도 단지 안은 텅 비어 있었다. 하지만 단지를 그냥 던져버렸다가는 밑에서 누군가가 맞아 죽기라도 할까 봐, 떨어지며 지나치던 찬장에 간신히 얹어 놓았다.

'그래! 이 정도로 한번 떨어지고 나면, 계단에서 구르는 것쯤은 아무것도 아닐 거야. 집에서 모두들 나를 얼마나 용감하게 생각하겠어! 이제는 집 꼭대기에서 떨어져도 아무 소리 안 할 거야!"(이 말대로 될 가능성이 제법 컸다.)

『이상한 나라의 앨리스』 제1장 중에서

쌉싸름한 세비야 오렌지 …… 2파운드

작은 레몬 …… 2개

물 …… 6파인트

그래뉼러당 …… 6파운드

소금 …… 1티스푼

사탕밀 …… 1/2온스

1. 오렌지와 레몬을 씻어 반으로 자른다.
2. 1의 즙을 짠다. 씨, 불필요한 속껍질, 겉껍질 아래 흰 부분은 버린다.
3. 잘 드는 칼로 겉껍질을 얄팍얄팍하게든 굵직굵직하게든 원하는 두께로 저민다.
4. 겉껍질과 짜놓은 즙을 큰 냄비에 담고 물을 부어 하룻밤 재운다.
5. 다음 날 아침, 껍질이 부드러워지고 국물이 1/3 정도 졸아들 때까지 대략 1시간 30분에서 2시간 동안 뭉근히 끓인다.

6. 소금, 그래뉼러당, 사탕밀을 넣고 녹을 때까지 충분히 젓는다.

7. 센 불에 젤리 상태가 될 때까지 팔팔 끓인다. 젤리 상태가 되었는지 확인하려면, 차가운 접시에 소량을 덜어 잠시 두었다가 손끝으로 만져본다. 표면에 주름이 잡히면 응고점에 이른 것이다.

8. 이 분량이면 마멀레이드가 약 10파운드 정도 나온다. 단지를 알맞은 개수만큼 따뜻한 상태로 준비해둔다. 국자나 손잡이 달린 병으로 떠서 단지에 적당히 담는다.

9. 마멀레이드가 아직 뜨거울 때 동그랗게 자른 왁스지를 위에 얹고 거품이 생기지 않도록 표면을 평평하게 다듬는다.

10. 그대로 식힌다. 만 하루가 지난 뒤에 먹는다.

11. 흰 토끼의 손에 닿지 않는 곳에 보관한다.

'나를 마셔요' 수프

 앨리스는 작은 문 앞에서 기다려 봤자 별 소용이 없을 것 같아 다시 탁자가 있는 곳으로 돌아갔다. 탁자 위에 혹시 다른 열쇠가 있지 않을까, 어쩌면 접이식 망원경 접듯 사람을 착착 접는 법을 설명해주는 책이라도 있지 않을까 기대를 품었다. 그런데 이번에는 작은 병이 눈에 띄었다(앨리스는 "아까는 분명히 없었는데" 중얼거렸다). 병의 목에는 "나를 마셔요*DRINK ME*"라고 대문자로 예쁘게 찍힌 종이 꼬리표가 달려 있었다.

"나를 마셔요"라니. 참 듣기 좋은 말이지만, 영리한 소녀 앨리스는 시키는 대로 냉큼 따를 생각이 없었다. "아니야, 먼저 '독극물' 표시가 있는지부터 살펴야지." 아이들이 불에 데거나 사나운 짐승에게 잡아먹히거나 그밖에 고약한 일을 당하는 재미있는 이야기들을 앨리스도 읽은 적 있었다. 빨갛게 달궈진 부지깽이를 너무 오래 잡고 있으면 데기 마련이고 손가락을 칼에 깊숙이 베이면 피가 나오기 마련인데, 친구들은 이런 간단한 규칙을 다들 기억하지 않아서 그런 일들을 당하지 않았나. '독극물'이라 표시된 병에 든 것을 많이 마시면 결국 탈이 난다는 사실을 앨리스는 잊지 않고 기억하고 있었다.

마침 이 병에는 '독극물' 표시가 없었던 까닭에 앨리스는 용기를 내서 조금 맛을 봤는데, 아주 좋은 맛이(어떤 맛이냐 하면, 체리타르트와 커스터드, 파인애플, 구운 칠면조, 타피사탕, 갓 구운 버터 토스트가 섞인 것 같은) 나서, 한입에 다 들이켰다.

★　★　★　★　★

"이상한 기분이야! 망원경처럼 내 몸이 작아지나 봐!"

『이상한 나라의 앨리스』 제1장 중에서

오렌지 …… 1개

레몬 …… 1개

배 …… 1개

사과 …… 1개

그밖에 적당한 제철 과일(파인애플이나 신양앵두 등)

고운 브라운 슈가 …… 1/2파운드

옥수숫가루 …… 2테이블스푼

물 혹은 취향껏 과일 육수 …… 2파인트

마카롱(갓 구운 버터 토스트로 대용 가능)

1. 레몬을 제외한 모든 과일을 씻어 껍질을 벗기고 씨를 제거한 뒤 잘게 자른다.

2. 자른 과일을 물이나 과일 육수에 넣고 부드러워질 때까지 뭉근히 끓인다.

3. 레몬즙을 내서 2에 섞고, 레몬 껍질은 강판에 갈아 브라운 슈가와 함께 냄비에 넣는다.

4. 팔팔 끓인다.

5. 옥수숫가루를 차가운 물 2테이블스푼에 잘 개어 4에 섞고 계속 젓는다.

6. 5분 더 끓인 후 옥수숫가루 맛이 남아 있으면 좀 더 끓인다.

7. 차게 식혀 마카롱을 곁들여 낸다.

8. 몸이 빨리 줄어들지 않도록 천천히 먹는다.

'나를 먹어요' 케이크

탁자 아래 놓인 작은 유리 상자에 앨리스의 눈길이 닿았다. 상자를 열어 보니 조그마한 케이크가 들어 있고, 윗면에 예쁘게 건포도로 "나를 먹어요 *EAT ME*"라고 쓰여 있었다. "그래, 먹어 보자. 먹어서 몸이 커지면 열쇠에 손이 닿을 거고, 지금보다 더 몸이 작아지면 문 밑으로 기어나갈 수 있겠지. 어느 쪽이든 정원으로 나가게 될 테니까 상관없어!"

앨리스는 케이크를 아주 조금 먹고 나서, 몸이 커지는지 작아지는지 보려고 머리 위에 손을 얹고는 초조하게 중얼거렸다. "커질까, 작아질까, 어느 쪽이지?" 그런데 뜻밖에도 몸집이 달라지지 않고 그대로였다. 물론 보통은 케이크를 먹고 몸집이 달라지지 않는 게 당연한 일이다. 하지만 보통을 벗어난 이상한 일들에 너무 익숙해진 나머지 이제 평범한 일들은 지루하고 따분하게 보였다.

그래서 앨리스는 뭐든 해보기로 하고, 단숨에 케이크를 먹어치웠다.

★ ★ ★ ★ ★

"점점 더 이상해 버리네!" 앨리스가 소리를 질렀다(너무 놀라서 일순간 제대로 말하는 법을 살짝 잊어버렸다). "세상에서 제일 큰 망원경처럼 내 몸이 늘어나고 있어! 잘 가, 내 발!"(아래를 내려다보니 발이 아득히 멀어져 제대로 보이지도 않았다.) "아, 가엾은 내 발들, 이제 누가 너희에게 양말과 신발을 신겨주지? 나는 못할 것 같구나! 너무 멀리 떨어져서 내가 너희를 보살피지는 못할 거야. 너희 힘으로 어떻게든 헤쳐나가야 돼." 한편으론 이런 생각도 들었다. "그래도 쟤네한테 잘해줘야지, 아니었다가는 내가 가고 싶은 데로 걸어가지 않을지도 몰라! 그래, 크리스마스가 돌아올 때마다 새 장화를 선물해야겠어."

『이상한 나라의 앨리스』 제1장과 제2장 중에서

코코아 …… 6온스

아몬드 가루 …… 6온스

버터 …… 6온스

설탕 …… 6온스

버터 비스킷 …… 6온스

달걀 …… 1개

달걀노른자 …… 1개 분량

알 작은 케이크용 건포도 …… 원하는 만큼

아몬드오일

1. 과자 중의 과자, 충분한 포만감과 신체의 최대 연장을 보장하는 이 케이크를 제대로 만들려면, 먼저 버터와 코코아를 섞어 부드러운 반죽이 될 때까지 충분히 치댄다.

2. 아몬드 가루를 넣고 섞는다.

3. 아주 약한 불에서 설탕에 물 몇 방울을 섞어 녹인 뒤 2의 반죽에 넣는다.

4. 달걀을 넣고 섞는다.

5. 비스킷을 작은 조약돌만 한 덩어리로 살살 쪼개어 놓는다.

6. 비스킷을 몇 조각 남기고 모두 반죽에 섞어 젓는다.

7. 종이 케이크틀을 여러 개 준비해 틀 안쪽에 달콤한 아몬드오일을 바른 뒤 반죽을 나눠 담는다.

8. 남겨둔 비스킷 조각이나 알 작은 케이크용 건포도로 '내'가 먹을 케이크 윗면에 "나를 먹어요"라고 쓴다.

9. '조리' 대신 하루 동안 냉장고에 보관한다.

10. 머리를 천장에 찧지 않도록 주의한다.

코커스 과일사탕

"코커스 경주가 뭐예요?"

앨리스는 묻긴 했지만, 별로 궁금하진 않았다. 도도새가 말을 멈추고 누가 무슨 말이든 하겠거니 기다리는 눈치인데, 아무도 입을 열 생각이 없어 보여 물었을 뿐이다.

"그거야 물론, 해보면 알아."(겨울철에 코커스 경주를 한 번 해보고 싶은 독자들이 있을지 모르니, 도도새가 어떻게 했는지 들려주겠다.)

도도새는 먼저 바닥에 둥그스름하게 선을 그어 경주로

를 표시하고("모양은 정확하지 않아도 괜찮아"라며), 그 선을 따라 모든 참가자들을 여기저기 자리 잡게 했다. "하나, 둘, 셋, 출발!" 같은 신호가 없어서, 다들 뛰고 싶을 때 뛰고 멈추고 싶을 때 멈추는 바람에 경주가 언제 끝나는지 판단이 쉽지 않았다. 그래도 여하튼 30분쯤 뛰어 몸의 물기가 꽤 가셨을 즈음 도도새가 불쑥 외쳤다.

"경주 끝!"

참가자들은 도도새 주위로 몰려와 숨을 헐떡이며 물었다.

"그런데 누가 1등이지?"

도도새로서도 심사숙고하지 않고는 대답하기 어려운 질문인 터라, 한 손가락으로 이마를 짚은 채(초상화에서 셰익스피어가 흔히 취하는 자세였다) 한참을 서 있었고, 참가한 동물들은 조용히 기다렸다. 마침내 도도새가 입을 열었다.

"모두가 1등이니 전부 상을 타야지."

"하지만 누가 상을 주지?"

다들 한목소리로 물었다.

"그야, 물론 저 애지."

도도새가 한 손가락으로 앨리스를 가리키며 말했다. 그 소리에 무리가 우르르 앨리스를 에워싸고는 소란스레 외쳐댔다.

"상을 줘! 상을 줘!"

 어찌할 바를 모르던 앨리스는 주머니를 뒤져 과일사탕이 든 상자를 꺼냈다(소금물이 상자 안까지 스며들지 않아서 다행이었다). 앨리스는 상으로 과일사탕을 차례차례 나눠 주었다. 모두에게 정확히 하나씩 돌아갔다.

『이상한 나라의 앨리스』 제3장 중에서

오렌지 …… 몇 쪽

파인애플 …… 몇 쪽

포도 …… 몇 쪽

체리 …… 몇 쪽

물 …… 1/8 파인트

설탕 …… 4온스

타르타르크림 …… 한 꼬집

당과용 온도계

달걀흰자

고운 백설탕

1. 냄비를 약불에 얹고 물을 붓는다.

2. 설탕을 넣고 완전히 녹을 때까지 젓는다.

3. 물 몇 방울에 타르타르크림을 풀어 냄비에 넣는다.

4. 섭씨 143도까지 재빨리 끓인다.

5. 곧바로 냄비를 불에서 내린다.

6. 거품이 잦아들면, 준비해둔 과일 조각을(물론 껍질과 씨와 물기를 제거한 상태로) 냄비 속 시럽에 담근다. 피클 서빙용 포크나 금속 소재 뜨개바늘 등을 이용할 수 있다.

7. 과일에 시럽 옷이 완전히 입혀졌으면, 방수·방지 처리한 종이 위로 옮긴다.

8. 시럽이 굳어서 사탕에 투명한 윤기가 돌 때까지 그대로 둔다.

9. 시럽이 다 마르면, 수고스럽겠지만 사탕 한 알 한 알에 달걀흰자를 바르고 고운 백설탕을 뿌려 아이싱 효과를 낸다.

10. 단지나 양철통 같은 밀폐 용기에 담아 소금물에서 멀찌감치 떨어진 곳에 보관한다.

조약돌 케이크

"집을 홀딱 태워버리는 수밖에 없겠어!"

흰 토끼의 목소리가 들렸다. 앨리스는 있는 힘껏 소리를 질렀다.

"그랬다가는 다이나를 네 앞에 풀어 놓을 줄 알아!"

일순간 밖이 죽은 듯이 고요해졌다. '이제 어쩔 셈이지? 조금이라도 머리를 쓴다면 지붕을 뜯어내면 될 텐데.' 일이 분쯤 흘렀을까, 밖에 있는 동물들이 다시 움직거리기 시작했다. 흰 토끼의 목소리가 들렸다.

"우선 손수레 한가득 정도만 해봐."

'손수레 한가득 뭘?' 앨리스가 궁금해한 것도 잠깐, 곧이어 창문으로 작은 조약돌들이 딸그락거리며 와르르 쏟아졌다. 조약돌 몇 개는 앨리스 얼굴에 맞았다.

"가만두지 않겠어."

앨리스는 혼잣말을 한 뒤, 고함을 질렀다.

"당장 그만두는 게 좋을걸!"

이 소리에 다시 죽은 듯이 고요해졌다. 놀랍게도 바닥에 놓인 조약돌들은 모두 작은 케이크로 바뀌고 있었다. 순간 번득이는 생각이 머리를 스쳤다. '이 케이크를 먹으면, 틀림없이 몸이 달라질 거야. 이보다 더 커질 순 없을 것 같고 아마 작아질 거야.'

엘리스가 케이크를 하나 꿀꺽 삼켰다. 그랬더니 기쁘게도 바로 몸이 줄어들기 시작했다. 문을 드나들 수 있을 만큼 몸이 작아지자마자 앨리스는 집에서 뛰쳐나왔다. 밖에는 작은 동물과 새들이 복작거리고 있었다.

『이상한 나라의 앨리스』 제4장 중에서

베이킹파우더가 든 밀가루 …… 8온스

설탕 …… 3온스

설탕절임한 과일 껍질 잘게 다진 것 …… 1온스

달걀 …… 1개

알 작은 케이크용 건포도 …… 2온스

버터나 마가린 …… 4온스

소금 …… 한 꼬집

넛멕 …… 한 꼬집

스파이스 믹스 …… 한 꼬집

1. 밀가루를 체에 내려 믹싱볼에 담는다.
2. 소금, 넛멕, 스파이스 믹스를 넣는다.
3. 버터를 잘게 잘라 손끝으로 밀가루에 비벼 고운 빵가루 상태로 만든다.
4. 알 작은 케이크용 건포도, 과일 껍질, 설탕을 넣는다.
5. 달걀을 다른 그릇에 풀어 포크를 이용해 휘저은 다음 다른 재료에 섞는다.
6. 모든 재료를 잘 섞은 후 너무 뻑뻑해 보이면 우유를 한두 방울 추가한다.
7. 제빵팬에 오일을 바르고 반죽을 작은 덩어리들로 떠어 차곡차곡 쌓는다.
8. 적당히 달궈진 오븐에서 섭씨 약 204도로 15분 동안 굽는다.
9. 적절한 크기의 집을 찾는다.

고무줄 버섯

앨리스는 애벌레가 다시 말할 마음이 내킬 때까지 조용히 기다렸다. 일이 분쯤 지나 애벌레가 물담뱃대를 입에서 떼고 한두 번 하품을 하더니 몸을 부르르 떨었다. 그리고는 버섯에서 몸을 내려 풀숲으로 기어가면서 지나가는 말로 이러는 거였다.

"한쪽은 몸이 더 커지게 하고, 다른 쪽은 더 작아지게 할 거다."

'무슨 한쪽? 무슨 다른 쪽?' 앨리스가 속으로 생각한 말을 마치 소리 내어 묻기라도 한 것처럼 애벌레는 대꾸하더니 감쪽같이 모습을 감추었다.

"버섯 말이다."

앨리스는 잠시 버섯을 곰곰이 살펴보며 어디가 한쪽이고 어디가 다른 쪽인지 알아내려 해봤지만, 정확히 둥근 모양이라 알아내기가 여간 어렵지 않았다. 고심 끝에 두 팔을 최대한 뻗어 버섯을 둥글게 감싸고 양손에 닿는 버섯 가장자리를 조금씩 떼어냈다.

"그런데 어느 게 어느 쪽이지?"

앨리스는 시험 삼아 오른손에 쥔 조각을 조금 뜯어 먹었다. 순간, 곧바로 턱 밑을 세게 얻어맞는 느낌이 들었다. 턱이 발과 부딪힌 것이다!

『이상한 나라의 앨리스』 제5장 중에서

버섯 …… 1파운드

사우어크림 …… 0.4파인트

밀가루 …… 2티스푼

버터 …… 2온스

작은 양파 다진 것 …… 1개

소금

후추

레몬즙

버터 토스트

1. 버섯을 기둥까지 씻은 후 물기를 말린다.
2. 버섯을 기둥까지 함께 얇게 썬다.
3. 프라이팬에 버터를 녹인다.
4. 양파와 버섯을 넣고 5분 동안 볶는다.
5. 밀가루를 넣고 저어준 뒤 소금 후추로 간을 한다.
6. 2~3분 뒤 사우어크림을 넣고 끓어오르지 않도록 잘 저어준다.
7. 맛을 보아가며 레몬즙을 적당히 넣는다.
8. 따끈한 버터 토스트를 둥글게 잘라 버섯을 얹어낸다.
9. 왼쪽과 오른쪽 중 한쪽을 골라 조금씩 천천히 맛본다.

상냥한 앨리스풍의
에그 본느

"내가 말했지, 난 뱀이 아니야! 난…… 나는……"
"그래 그럼, 넌 뭔데? 지금 지어내려고 하는 거 다 보이거든!"
비둘기가 다그쳤다.
"난…… 나는 여자아이야."
앨리스가 자신 없게 대답한 건 그날 하루 동안 몇 차례나 몸이 변했는지 떠올랐기 때문이다.
"퍽도 그럴싸하다!"
비둘기는 한껏 업신여기는 투로 말했다.
"내가 살면서 여자아이들을 숱하게 봤지만, 너 같은 목을 가진 애는 한 명도 없었어! 아니야, 아니라고! 너는 뱀이야. 아니라고 우겨봤자 소용없어. 흥, 이번엔 알 같은 건 먹어본 적도 없다고 해보시지!"
정직한 아이답게 앨리스는 말했다.

"물론 알은 먹어 봤어. 하지만 여자아이들도 뱀만큼 알을 많이 먹는다고."

"말도 안 돼. 만약 그게 사실이면, 여자아이들도 뱀이나 다를 바 없군, 아무렴."

앨리스는 이런 발상이 너무나 생소해서 잠시 말문이 막혔다. 비둘기가 그 틈을 타 말을 이었다.

"너 지금 알을 찾고 있는 거, 나는 다 알아. 네가 여자아이든 뱀이든 그건 나한테 중요하지 않다고!"

앨리스가 서둘러 대꾸했다.

"나한테는 아주 중요한 일이야. 어쨌든 나는 지금 알을 찾으러 온 것도 아니고, 혹시나 그렇더라도 네 알을 가져갈 일은 없어. 난 익히지 않은 알은 싫어해."

『이상한 나라의 앨리스』 제5장 중에서

달걀 …… 1개

시금치 퓨레 …… 1테이블스푼

싱글크림 …… 1테이블스푼

버터

치즈

후추

1인용 베이킹 접시나 소형 내열냄비

(여기 제시된 재료는 1인분 기준이다)

1. 그릇에 버터를 넉넉히 바른다.

2. 달걀을 그릇에 바로 깨뜨려 넣는다.

3. 시금치로 달걀을 덮는다.

4. 치즈 간 것과 후추를 뿌린다.

5. 싱글크림을 붓는다.

6. 거의 끓을 정도로 뜨거운 물을 오븐 겸용 냄비에 붓고 재료가 담긴 그릇을 넣는다. 이때 물의 높이가 그릇의 중간까지 오게 한다.

7. 뚜껑이나 쿠킹호일로 냄비를 덮는다.

8. 적당히 예열된 오븐에서 섭씨 177도로 달걀이 마침 익을 만큼만 굽는다. 최대 8분을 넘기지 않는다.

9. 오븐에서 꺼내자마자 1인용 냄비째로 바로 먹는다. 지체하면 냄비나 그릇의 잔열로 달걀이 지나치게 익는다.

10. 시금치를 넣는 까닭은? 뱀은 시금치를 먹지 않으니까!

'후추 너무 많이' 안 뿌린 수프

문을 여니 바로 넓은 부엌이 나오는데, 부엌이 온통 연기로 자욱했다. 부엌 한가운데 놓인 세 발 의자에 앉은 공작부인은 아기를 어르고 있고, 요리사는 화덕 위로 몸을 수그린 채 수프가 가득 담긴 큰 솥을 휘젓고 있었다.

"수프에 후추를 너무 많이 뿌렸나 봐!"

앨리스는 자꾸 재채기를 하며 겨우 중얼거렸다.

공기 중에 후추가 많이 떠다니는 게 분명했다. 공작부

인도 이따금 재채기를 했고, 아기는 잠시도 쉬지 않고 재채기를 하며 울어댔다. 부엌에서 재채기를 안 하는 건, 난롯가에 앉아 입이 귀에 걸리도록 웃고 있는 큰 고양이 한 마리와 요리사뿐이었다.

『이상한 나라의 앨리스』 제6장 중에서

껍질 벗겨 4등분한 감자 …… 1과 1/4파운드

물냉이 두 다발 다진 것(매운 고추 대신)

통후추 직접 간 것

큰 양파 다진 것 …… 3개

쇠고기 육수 …… 3파인트(없으면 소금물)

더블크림 …… 1/4파인트

소금

1. 쇠고기 육수에 감자와 양파를 넣고 잘 익을 때까지 끓인다.
2. 건더기를 으깨어 체에 거르고, 그렇게 나온 퓨레를 다시 육수에 섞는다.
3. 불을 높여 끓인다.
4. 다진 물냉이를 넣고 15분간 끓인다.
5. 통후추를 듬뿍 넣어 간한다. 단 '너무 많이' 넣지 않도록 주의한다.
6. 소금으로 간을 맞춘다.
7. 수프를 뜨겁게 내려면 더블크림을 넣고 살살 젓는다.

8. 수프를 차갑게 내려면, 차게 식힌 다음 내기 직전에 크림을 넣어 젓는다.
9. 다진 물냉이를 곁들인다.
10. 냅킨은 재채기 용도가 아님을 명심한다.

"성가시게 하지 마라! 난 숫자라면 질색이다!"

말을 끝내기 무섭게 공작부인은 다시 아기를 어르기 시작했는데, 자장가 비슷한 노래를 불러주면서 한 소절이 끝날 때마다 아기를 거칠게 흔들어댔다.

"재채기하는 아들은
야단치고 때려야지,
엄마를 긁고 긁어
골리려는 놈이니까."

합창(요리사와 아기도 함께)
"우와! 우와! 우와!"

2절을 부르는 내내 공작부인이 아기를 거칠게 위아래로 흔들어대는 통에 가엾은 아기가 어찌나 사납게 울어대는지, 엘리스 귀에는 가사가 제대로 들리지 않았다.

"재채기하는 내 아들,
난 야단치고 때려주지.
저 좋을 땐 후춧가루
먹고 멀쩡한 놈이니까!"

"우와! 우와! 우와!"

체셔 고양이의 치즈 수염

 먼저 말을 건네는 게 예의에 어긋나는 것인지 잘 모르겠어서 앨리스는 머뭇거리며 입을 열었다.
 "혹시 좀 여쭤봐도 될까요? 저 고양이가 왜 저렇게 웃고 있는지요?"
 "체셔 고양이니까 그렇지. 이 돼지야!"
 '돼지'라는 말이 공작부인 입에서 너무나 난데없이 사납게 튀어나오는 바람에 앨리스는 화들짝 놀랐다. 그런데 보아하니 앨리스가 아니라 아기한테 하는 말인 듯해, 다시 용기를 내서 말을 이어갔다.
 "체셔 고양이가 언제나 저렇게 웃는 줄은 몰랐어요. 사실은, 고양이가 웃을 수 있다는 것도 저는 몰랐어요."
 "고양이는 다 웃을 수 있어. 대부분 실제로 웃고."
 "저는 웃는 고양이를 한 마리도 몰라서요."
 대화를 주고받게 되어 기쁜 마음으로 앨리스가 공손하

게 말을 이었다.

"너는 모르는 게 많구나. 실상이 그렇네."

『이상한 나라의 앨리스』 제6장 중에서

밀가루 ······ 2온스

버터 ······ 2온스

체다치즈 간 것 ······ 3온스

베이킹파우더 ······ 1/2티스푼

빵가루 ······ 2온스

소금 ······ 1/2솔트스푼

후추 ······ 1/2솔트스푼

파프리카 가루

1. 밀가루, 소금, 후추를 체에 내려 움푹한 그릇에 담는다.
2. 빵가루와 체다치즈를 넣고 섞는다.
3. 버터를 넣고 부드러운 반죽이 될 때까지 손끝으로 비빈다. 반죽이 잘 되지 않으면 우유를 조금 섞는다.
4. 작업대에 밀가루를 뿌린 뒤 반죽을 폭 10센티미터, 두께 3밀리미터 정도로 얇게 민다.
5. 반죽을 길쭉한 모양으로 가늘게 썬다.
6. 기름 바른 베이킹팬에 얹어 섭씨 190도로 예열된 오븐에서 갈색이 될 때까

지 바삭하게 굽는다.

7. 파프리카 가루를 뿌려 뜨거울 때 낸다.

8. 편하게 앉아 내 노력을 가상히 여기며 흡족하게 웃어본다. 먼 옛날 고양이 형상으로 굳힌 체셔치즈가 브리스톨 항구를 거쳐 외국으로 팔려 갔다는 이야기가 떠오를 것이다. 거기서 "(체셔 고양이처럼) 실없이 히죽거리다"는 표현이 비롯되었을 법하다. 어쩌면 앨리스는 공작부인이 아니라 공작부인의 요리사에게 물어보는 편이 낫지 않았을까?

모자 장수 도넛

"너 머리 좀 잘라야겠다."

호기심 가득한 눈으로 앨리스를 지켜보던 모자 장수가 던진 첫 마디였다.

"아저씨는 남의 일에 이러쿵저러쿵 안 하는 법 좀 배워야겠네요. 무례해요."

앨리스가 야멸차게 쏘아붙였다.

이 말에 놀랐는지 모자 장수의 두 눈은 휘둥그래졌지만, 입에서 나온 말은 달랐다.

"까마귀와 책상이 비슷한 이유는?"

'자아, 이제 좀 재미있어지겠는걸! 수수께끼를 내다니 반갑네.' 신이 난 앨리스가 소리를 높였다.

"그건 내가 맞힐 수 있겠는데."

"네가 정답을 찾아낼 수 있겠다, 그런 말이야?"

삼월 토끼가 물었다.

"그래 맞아."

앨리스가 대꾸했다.

"그럼 네가 생각한 걸 말해봐."

삼월 토끼가 말꼬리를 물었다.

"늘 그렇게 말하거든."

앨리스가 황급히 대꾸했다.

"어쨌든…… 어쨌든 내가 말하는 게 내 생각이니까…… 그거나 그거나 똑같잖아."

모자 장수가 나섰다.

"똑같다니, 무슨 소리! 그것참, 아예 '내가 먹는 걸 본다'와 '내가 보는 걸 먹는다'가 똑같다고 하려무나!"

삼월 토끼가 거들었다.

"아예 '내가 얻은 게 마음에 든다'와 '내가 마음에 드는 걸 얻는다'가 똑같다고 하지 그래!"

겨울잠쥐까지 잠꼬대처럼 말을 보탰다.

"아예 '나는 자면서 숨 쉰다'와 '나는 숨 쉬면서 잔다'가 똑같다고 하겠네!"

"너한테는 다 똑같겠지."

모자 장수의 말을 끝으로 대화가 잠시 끊어졌다. 모두들 잠잠해진 사이 앨리스는 까마귀와 책상에 대해 기억을 샅샅이 더듬어 보았지만 딱히 기억나는 것이 없었다.

『이상한 나라의 앨리스』 제7장 중에서

큼직한 흰빵 ······ 한 덩어리
단맛 나는 셰리주 ······ 2테이블스푼

달걀 …… 2개

가루설탕 체에 내린 것 …… 1/2파운드

식용유

시나몬 가루 …… 소복하게 1테이블스푼

1. 지름 6.35센티미터 정도인 페이스트리 커터를 사용해서 빵에 2.5센티미터 두께의 동그라미 12개를 찍어낸다. 빵 껍질 부분은 들어가지 않게 한다.

2. 가루설탕과 시나몬 가루를 함께 체에 내린다.

3. 셰리주와 달걀을 한데 넣고 잘 섞는다.

4. 식용유를 너무 뜨겁지 않게 섭씨 190도 정도로 가열한다.

5. 빵 조각을 하나하나 달걀 반죽에 담갔다가 기름에 풍당한다.

6. 황갈색이 돌 때까지 튀긴다.

7. '엉터리' 도넛에 설탕과 시나몬 가루를 뿌려 즉시 낸다. 모자 장수의 다과회처럼 겉과 속이 같지 않은 자리에 곁들이기 그만이다.

당밀 우물 타르트

"이야기 하나 들려줘!"

삼월 토끼에 이어 앨리스가 거들었다.

"그래, 부탁이야. 얼른얼른! 꾸물대다가는 이야기 도중에 또 잠들라."

모자 장수까지 가세했다. 겨울잠쥐가 허둥지둥 이야기를 시작했다.

"옛날 옛적에 나이 어린 세 자매가 살았어. 이름은 엘시, 레이시, 틸리였어. 셋은 우물 바닥에서 살았는데……"

"뭘 먹고 살았어?"

먹고 마시는 문제에 늘 관심이 많은 앨리스가 물었다.

겨울잠쥐가 일이 분쯤 생각을 해보고 대답했다.

"당밀을 먹고 살았지."

"그걸 먹고 어떻게 살아, 병이 날 텐데."

앨리스가 조심스레 제 생각을 말했다.

"그래서 병이 났지, 아주 심하게."

겨울잠쥐가 말했다. 그렇게 평범하지 않은 삶은 어떤 모습일지 앨리스는 조금 상상해보려다가 도통 갈피가 잡히지 않아 다시 질문을 던졌다.

"그런데 왜 우물 바닥에서 살았어?"

그때 삼월 토끼가 사뭇 진지하게 앨리스에게 말했다.

"차 좀 더 마셔."

"아직 한 모금도 안 마셨는데, 어떻게 '더' 마시겠어?"

앨리스가 언짢은 투로 대꾸했다.

"어떻게 '덜' 마시느냐는 말이겠지. 안 마시는 것보다 '덜' 마시기가 어렵지 '더' 마시기는 쉽잖아."

끼어드는 모자 장수에게 앨리스가 쏘아붙였다.

"아저씨 의견은 묻지도 않았어요."

"지금 남의 일에 이러쿵저러쿵 하고 있는 게 누구지?"

모자 장수가 의기양양하게 받아치자, 앨리스는 뭐라 대꾸할 말이 마땅치 않아서 말없이 버터 바른 빵과 차를 먹은 뒤 겨울잠쥐를 돌아보며 다시 물었다.

"왜 우물 바닥에서 살았어?"

이번에도 겨울잠쥐는 일이 분씀 생각해보고 대답했다.

"당밀 우물이었으니까."

"세상에 그런 게 어딨어!"

앨리스가 왈칵 성을 내며 말을 시작했는데, 모자 장수와 삼월 토끼가 "쉿! 쉿!" 하며 끼어들고, 겨울잠쥐 입에

서는 볼멘소리가 흘러나왔다.

"그렇게 교양 없이 굴 거면, 네가 나서서 이야기를 마저 끝내든가."

앨리스의 말투가 금세 겸손해졌다.

"아니야, 계속해줘! 다시는 방해하지 않을게. 아마 그런 게 하나쯤은 있겠지."

"정말 있다고!"

겨울잠쥐가 버럭 화를 내긴 했지만 진정하고 이야기를 이어가기로 했다.

"그래서 어린 세 자매는…… 긷는 법을 배우고 있었어."

"긷는다니, 뭘?"

앨리스가 약속을 깜박 잊고 다시 물었다.

"당밀."

아까와 달리 겨울잠쥐가 시간을 끌지 않고 바로 대답했다.

이번엔 모자 장수가 말을 끊었다.

"새 찻잔이 필요해. 모두 한 자리씩 옮기자."

『이상한 나라의 앨리스』 제7장 중에서

밀가루 …… 1/2파운드

버터 …… 2온스

식용 돼지기름 …… 2온스

소금 …… 한 꼬집

물 …… 2와 1/2 테이블스푼(딱 이만큼만)

1. 움푹한 그릇에 밀가루와 소금을 한데 체에 내린다.

2. 버터와 돼지기름을 잘게 깍뚝썰기해서(버터는 풍미를, 고기 기름은 부드러운 질감을 돕는다) 손끝으로 살살 밀가루에 비벼 반죽을 고운 빵가루 상태로 만든다.

3. 2의 위에 고루 물을 흩뿌리고, 매끈하고 차진 반죽이 될 때까지 치댄다.

4. 작업대에 밀가루를 뿌린 뒤 반죽을 살살 밀어 원하는 두께를 만든다.

5. 이제 본격적으로 당밀 우물 타르트를 만들 차례다. 바삭바삭한 페이스트리 위에 얹을 속재료의 준비물은 다음과 같다: 신선한 빵가루 3테이블스푼 / 갓 짠 오렌지주스 1테이블스푼 / 오렌지 껍질 간 것 / 골든시럽 4테이블스푼

6. 지름 18센티미터 둥근 빵틀 안쪽에 반죽을 펴 얹고 빵틀 테두리에 반죽을

꼭꼭 눌러준 뒤 남은 가장자리 반죽은 떼어낸다.

7. 신선한 빵가루를 얹는다.

8. 빵가루 위에 갈아 놓은 오렌지 껍질을 올린 다음 오렌지주스와 골든시럽을 담는다.

9. 6에서 떼어낸 가장자리 반죽을 이용해 윗면을 격자무늬로 장식해도 좋다.

10. 섭씨 218도 정도로 예열한 오븐에서 약 25분 동안 굽는다.

11. 뜨겁게 내도 좋고 차게 내도 좋다. 단 우물에 떨어지지 않도록 정신을 바짝 차린다.

우유 단지에 빠진 토끼

　모자 장수가 옆자리로 옮겨 앉고, 이어서 겨울잠쥐가 따라 옮기고, 삼월 토끼는 다시 겨울잠쥐가 앉았던 자리로 옮겨 앉고, 앨리스는 마지못해 삼월 토끼가 앉았던 자리로 옮겼다. 자리를 옮겨서 조금이라도 유리해진 건 모자 장수 한 명뿐이었다. 삼월 토끼가 방금 접시에 우유 단지를 엎는 바람에 그 자리에 앉게 된 앨리스는 오히려 훨씬 불리해졌다.

『이상한 나라의 앨리스』 제7장 중에서

토끼 한 마리 …… 크게 토막 쳐 피를 빼서 준비

토끼에서 빼낸 피

지방이 켜켜이 들어간 베이컨 …… 1/2파운드(잘게 깍뚝썰기)

다진 양파 …… 1/2파운드

허브 섞은 밀가루

식용 돼지기름 …… 3온스

쇠고기 육수

포트와인

레드커런트잼

통후추

월계수잎 …… 1개

다진 파슬리 …… 1/2테이블스푼

1. 토막 낸 토끼 고기를 젖은 행주로 닦는다.

2. 허브 섞은 밀가루에 토끼 고기를 굴린다.

3. 바닥이 두툼한 냄비나 찜 냄비에 돼지기름을 녹인 후 토끼 고기, 베이컨, 양파를 넣는다.

4. 고루 익도록 계속 뒤적이며 갈색이 될 때까지 볶는다.

5. 기름이 너무 많이 생기면 따라버리고, 통후추와 각종 허브를 넣는다.

6. 고기가 잠길 만큼 쇠고기 육수를 붓고 서서히 끓인다.

7. 이 상태 그대로 사용해도 되지만, 이 단계에서 모든 재료를 큼직한 스톤웨어 우유 단지에 옮겨 부어도 된다. '우유 단지에 빠진 토끼'라는 전통 명칭은 여기서 비롯됐다. 쿠킹호일로 단지를 덮고 뜨거운 물이 담긴 냄비에 반듯하게 세운다.

8. 2시간 동안 보글보글 끓인다. 고기 뼈에서 살이 쉽게 떼어지면 고기가 잘 익은 것이다.

9. 불에서 내린 다음 토끼 피를 넣고 잘 젓고, 포트와인으로 맛을 낸다.

10. 소스가 걸쭉해지도록 5분 정도 끓기 직전 상태로 둔다.

11. 모자 장수의 다과회에서 쓰고 남은 레드커런트잼과 같이 낸다.

달달한 보리사탕

"옛 친구를 다시 만나니 얼마나 반가운지 모르겠네!"

공작부인이 인사를 하며 다정하게 앨리스의 팔짱을 끼었고, 두 사람은 함께 걸음을 옮겼다. 공작부인의 심기가 밝아 보여 앨리스도 마음이 놓였다. 지난번 부엌에서 그렇게 사납게 군 이유는 순전히 후추 때문이었나 싶었다.

"내가 공작부인이 된다면?"

혼잣말로 중얼거렸지만 그렇게 되기를 간절히 바란 건

아니었다.

'후추는 부엌에 한 톨도 두지 말아야지. 후추 없이도 수프는 맛있으니까. 어쩌면 후추가 매워서 사람들이 그렇게 발끈 열을 내는지도 몰라.' 새로운 규칙을 발견한 것 같아 마음이 흡족해지면서 생각이 꼬리를 물고 이어졌다. '식초를 먹으면 사람들이 시큰둥해지고, 또 캐모마일을 먹으면 씁쓰레해지고 그리고 또 보리사탕 같은 걸 먹으면 애들 성미도 달달해지잖아. 어른들이 이 사실을 알았으면 좋겠다! 알고 나면 사탕 가지고 그렇게 쫀쫀하게 굴지 않을 텐데.'

『이상한 나라의 앨리스』 제9장 중에서

설탕 ······ 2파운드
물 ······ 1파인트
당과용 온도계
레몬즙 ······ 1티스푼
레몬 농축액 ······ 다섯 방울
사프란 가루

1. 냄비에 설탕과 물을 한데 붓는다.

2. 설탕을 녹여 시럽이 될 때까지 계속 끓인다.

3. 시럽 온도가 섭씨 156도에 이르면, 레몬즙과 레몬 농축액을 넣는다.

4. 시럽이 선명한 황금색을 띨 때까지 계속 끓인다.

5. 사프란 가루를 넣고 저어준 뒤 기름칠한 금속 쟁반에 재빨리 붓는다.

6. 식으면 긴 끈 모양으로 자른다. 살짝 꼬아주면 전통적인 지팡이 모양이 쉽게 완성된다.

7. 양철통 같은 밀폐 용기에 담아두고, 짜증이 올라오는 느낌이 들 때 꺼내 먹는다.

얼얼한 겨자

"내가 왜 네 허리에 팔을 두르지 않을까 궁금하겠지."
공작부인이 잠시 뜸을 들이고 말을 이었다.
"그건, 네 홍학이 어떻게 나올지 몰라서란다. 그래도 한번 시험해볼까?"
그런 시험을 당해 주고 싶은 마음이 전혀 없는 앨리스가 조심스럽게 대답했다.
"홍학이 물지도 몰라요."
"맞는 말이야, 홍학과 겨자, 둘 다 당하면 얼얼하지. 여기서 교훈은…… '새들도 끼리끼리 논다'는 거겠지."
"겨자는 새가 아닌데요."
앨리스가 지적했다.
"역시나, 맞는 말이야. 너는 참 말투가 야무지구나!"
"제 생각에, 겨자는 광물인 것 같아요."
"물론 그렇지."

앨리스가 하는 말은 무조건 맞장구치려는 사람처럼 공작부인이 말했다.

"이 근방에 큰 겨자 광산이 있지. 여기서 교훈은…… '산이 커야 굴이 크다'란다."

공작부인의 마지막 말을 귓등으로 흘려듣던 앨리스가 불쑥 외쳤다.

"아, 이제 생각났다! 겨자는 채소예요. 보기엔 채소 같지 않지만, 채소가 맞아요."

"그래, 네 말이 맞다. 여기서 교훈은…… '겉보기가 곧 속보기'라는 거지. 더 간단히 말해보자면, '다른 사람이 보는 너의 모습은 네가 보는 너의 모습이 아니라 내가 다른 사람에게 보여줬던 너의 모습이므로 네가 생각하는 너의 모습과 다른 사람이 생각하는 너의 모습이 서로 다를 거라 생각하지 말라'는 거야."

『이상한 나라의 앨리스』 제9장 중에서

겨자 가루 …… 3테이블스푼

가루설탕 …… 1테이블스푼

거품 낸 달걀 …… 1개

순수 맥아식초 …… 1/2파인트

올리브오일 …… 1테이블스푼

소금 …… 한 꼬집

1. 움푹한 그릇에 겨자, 소금, 설탕을 넣고 섞는다.
2. 거품 낸 달걀을 넣고 고루 섞일 때까지 젓는다.
3. 식초를 넣고 고루 섞일 때까지 젓는다.
4. 냄비에 옮겨 담고 너무 세지 않은 불에서 5분간 젓는다.
5. 식힌 다음 올리브오일을 넣고 젓는다.
6. 평소 좋아하는 음식에 곁들여 내서, 이랬을 것이다 떠오르는 짐작과는 다른 풍미를 이끌어낸다.

빵가루 안 입힌 대구

 가짜 거북과 그리핀은 앨리스 주위를 빙글빙글 돌며 엄숙하게 춤을 추기 시작했다. 이따금 너무 바짝 돌다가 앨리스의 발을 밟기도 하고, 앞발을 흔들어 박자를 맞추기도 했다. 춤을 추며 가짜 거북이 느릿느릿 구슬프게 노래를 불렀다.

대구가 달팽이에게 말했네, "좀 더 빨리 걸을래?"
물돼지가 바짝 쫓아와 내 꼬리를 밟으려 해.
보이지, 바닷가재도 거북도 모두 영차 전진한다!
해변에서 모두들 기다리니, 와서 함께 춤출래?
출래, 출 거지, 출래, 출 거지, 함께 춤출래?
출래, 출 거지, 출래, 출 거지, 함께 춤출 거지?

바닷가재랑 너랑 나랑 들어올려 던져주면,

바다 풍덩 그 기분, 넌 정말 모를 거야!
그래도 달팽이는 께름한 얼굴로 "너무 멀다, 너무 멀어!"
대구에겐 고맙지만, 함께 춤은 안 춘다네.
안 춰, 못 춰, 안 춰, 못 춰, 함께 춤은 안 출래.
안 춰, 못 춰, 안 춰, 못 춰, 함께 춤은 못 추겠어.

"멀리 간들 어떠니?" 비늘 친구 다시 묻네.
저편 가면 또 다른 해변이 나오고,
영국에서 멀어지면 프랑스가 가까우니,
사랑하는 달팽아, 겁내지 말고, 와서 함께 춤추자.
출래, 출 거지, 출래, 출 거지, 함께 춤출래?
출래, 출 거지, 출래, 출 거지, 함께 춤출 거지?

앨리스는 마침내 춤이 끝난 것에 반색하며 말했다.
"고마워요, 정말 재미있는 춤이네요. 대구에 관한 노래가 참 특이하고 맘에 들어요!"
"아, 대구에 관해서라면, 그러니까…… 너도 물론 대구를 보기는 했겠지?"
가짜 거북이 물었다.
"그럼요, 자주 봤어요, 주로 저녁 식……"
앨리스는 얼른 뒷말을 삼켰다.
"그 '저녁 식'이 어딘지는 모르겠다만, 자주 봤으면 어떻게 생겼는지 잘 알겠구나."

"그렇지요."

앨리스가 생각을 더듬어가며 대답했다.

"제가 본 애들은 꼬리를 입에 물고 있었고…… 또 빵가루를 뒤집어쓰고 있었어요."

"빵가루는 네가 잘못 본 거야. 바다에선 빵가루가 다 씻겨 나갈 테니까. 그래도 꼬리를 입에 문 건 맞아. 왜냐하면……"

이 대목에서 가짜 거북이 하품과 함께 눈을 감으며 그리핀에게 말했다.

"여기부터 나머지는 네가 말해줘."

그리핀이 말을 받았다.

"왜냐하면 대구는 바닷가재랑 같이 춤을 추러 가곤 했거든. 그래서 바다로 몸이 풍덩 던져져서, 아주 멀찍이 떨어져야 했어. 그래서 꼬리를 입에 쑤욱 넣었는데, 그랬더니 다시는 꼬리를 뺄 수가 없었대. 그렇게 된 거야."

"고마워요. 정말 재미있는 얘기네요. 전에는 대구에 대해서 그렇게 잘 몰랐어요."

앨리스가 말했다.

『이상한 나라의 앨리스』 제10장 중에서

작은 대구 …… 4마리

곱게 다진 샬롯 …… 2온스

버터 …… 2온스

레몬 …… 1/2개

다진 파슬리 …… 1테이블스푼

화이트와인 …… 4테이블스푼

1. 대구의 머리와 지느러미를 제거하고, 안까지 열이 잘 전달되도록 등뼈를 따라 몸통을 반으로 가른다.

2. 내열 접시에 버터를 바르고 샬롯을 고루 뿌린다.

3. 2의 위에 생선을 얹고 와인과 버터를 끼얹는다.

4. 적당히 예열한 오븐에 넣고 섭씨 190도에서 15~20분 동안 굽는다. 재료에서 나온 국물을 몇 분마다 한 번씩 생선에 끼얹는다.

5. 음식을 내갈 즈음이면 국물이 거의 날아가고 남지 않을 것이다. 레몬즙과 파슬리를 고루 뿌린다.

6. 빵가루를 입히든 안 입히든, 대구는 분명 흥미로운 생선이다.

바닷가재 구이

"일어나서 「게으름뱅이 가로되」를 읊어봐."
그리핀의 말에 앨리스는 속으로 투덜거렸다.
'별꼴이야, 남한테 이래라저래라, 배운 걸 외워라 마라 하네! 차라리 학교에 가고 말지.' 그래도 일어나 시를 외우기 시작했는데, 바닷가재 춤이 머리에서 떠나지를 않아 스스로도 무슨 말을 하고 있는지 깨닫지 못하고, 단어들이 이상하게 튀어나왔다.

나는 그 음성 들었네, 바닷가재 가로되,
"나를 너무 구웠으니, 머리에 설탕을 뿌려야 해."
오리는 눈꺼풀로, 바닷가재는 코로
단추와 허리띠 가다듬고 발가락 내민다 바깥으로.
모래에 물기가 싹 가시면 바닷가재 즐겁지 종다리처럼
말투는 거만해지지 상어처럼.

그러나 다시 물결 차오르고 상어가 주위를 맴돌 때면
자신 없이 떨리는 그의 음성.

"내가 어릴 때 외웠던 거랑 다르네."
그리핀에 이어 가짜 거북도 한마디 했다.
"글쎄, 나는 처음 들어보는데, 이렇게 말이 안 되는 시도 흔치 않겠어."

『이상한 나라의 앨리스』 제10장 중에서

익힌 바닷가재 …… 1마리(무게는 2파운드 정도)

버터 …… 1과 1/2 온스

곱게 다진 샬롯 …… 2티스푼

밀가루 …… 1/2온스

우유 …… 1/2파인트

레몬 …… 1/2개

곱게 다진 파슬리 …… 2테이블스푼

달걀노른자 …… 1개 분량

안초비소스 …… 1/2티스푼

갈색 빵가루 …… 4테이블스푼

소금

후추

장식용 파슬리

1. 바닷가재를 길게 반으로 자른다.
2. 껍질에서 살을 파내어 잘게 다진다.
3. 냄비에 버터를 녹이고 샬롯을 넣는다.
4. 갈색이 되지 않도록 주의하며 2분 정도 볶는다.
5. 밀가루를 넣어 잘 섞고, 불에서 내린 다음 우유를 붓고 젓는다.
6. 다시 불에 얹어 끓을 때까지 계속 젓는다.
7. 5분간 끓인다.
8. 레몬즙, 다진 파슬리, 안초비소스를 넣은 후 소금, 후추로 간한다.
9. 달걀노른자를 넣고, 엉기기 시작할 때까지 끓이지 말고 계속 젓는다.
10. 바닷가재 살을 넣고 섞는다.
11. 2번에서 살을 바르고 남은 껍질 중 더 큰 조각을 깨끗이 씻는다.

12. 냄비에 담긴 반죽을 숟가락으로 떠서 껍질에 옮겨 담는다.
13. 갈색 빵가루를 뿌리고 버터를 접시당 3~4조각씩 얹는다.
14. 오븐에 넣고 섭씨 190도에서 15~20분간 굽는다.
15. 지나치게 갈색으로 익히지 않도록 주의한다.

올빼미와 표범 파이

"다음 구절을 읊어봐. '그의 정원을 지나다가'로 시작하는데."

그리핀이 거듭 재촉했다. 제대로 외우지 못할 게 뻔했지만 그래도 뜻을 거스를 엄두가 나지 않아, 앨리스는 떨리는 목소리로 다음 구절을 읊기 시작했다.

그의 정원을 지나다가 안 보는 척 다 보았지,
올빼미와 표범이 어떻게 파이를 나누는지.
소스와 고기와 파이 껍질은 표범이 먹고
올빼미는 제 몫으로 접시를 먹고
파이를 다 먹고 남은 숟가락
너그러이 양보 받아 올빼미가 챙긴다.
나이프 포크 받은 표범이 으르렁,
만찬의 마지막은 그리하여……

가짜 거북이 불쑥 끼어들었다.

"외우면서 설명을 해야지, 안 그러면 줄줄 외운들 무슨 소용 있겠어? 이렇게 황당한 시는 처음 들어본다!"

그리핀도 맞장구쳤다.

"그래, 그만하는 게 좋겠다."

앨리스야말로 그만하게 되어 속이 후련했다.

『이상한 나라의 앨리스』 제10장 중에서

파이 반죽('당밀 우물 타르트' 편 참고)

세 토막으로 자른 송아지 발목뼈 …… 1개

스튜용 송아지고기 …… 1파운드

생햄 …… 1파운드

삶은 달걀 …… 3개

월계수잎 …… 2개

레몬즙 …… 1티스푼

4등분한 양피 …… 1개

허브 믹스 …… 1테이블스푼

후추

소금

우유

1. 레몬즙을 넣은 물에 송아지 발목뼈를 담그고, 말랑말랑해질 때까지 오랫동안 뭉근히 끓인다.

2. 햄과 살코기를 작게 깍뚝썰기해서 스튜용 도자기 냄비나 찜 냄비에 담는다.

3. 허브 믹스, 4등분한 양파, 후추, 월계수잎을 넣어 맛을 낸다.

4. 1의 육수를 건더기가 잠길 만큼 붓고 고기가 연해질 때까지 익힌다.

5. 소금으로 간한다.

6. 삶은 달걀을 반으로 잘라 넣는다.

7. 월계수잎과 양파는 건지고, 살코기와 달걀을 파이틀에 가지런히 담는다.

8. 국물을 자작하게 담는다.

9. 틀 테두리까지 채울 만큼 파이 속이 넉넉하지 않으면, 가운데에 파이용 깔대기나 에그컵을 뒤집어 놓는다.

10. 약 6밀리미터 두께의 파이 반죽으로 뚜껑을 덮는다.

11. 테두리 밖으로 약 1.2센티미터 정도 여유분을 남기고 반죽 가장자리를 떼어낸다.

12. 위에서 남긴 여유분을 테두리를 따라 꾹꾹 눌러 접는다.

13. 젖은 포크로 테두리를 빙 둘러가며 주름을 잡아준다.

14. 증기가 빠져나갈 수 있도록 파이 윗면에 칼집을 2개 낸다.

15. 파이 윗면에 붓으로 우유를 바른다.

16. 오븐에 넣고 섭씨 245도의 고온에서 20~30분 동안 파이 껍질이 노릇노릇해질 때까지 굽는다.

17. 뜨겁게 내도 좋고 차게 식혀 내도 좋다. 공평하게 나눠 먹는다.

가짜 거북 수프

그제야 여왕이 경기를 중단하고 가쁜 숨을 몰아쉬며 앨리스에게 물었다.

"가짜 거북을 본 적이 있느냐?"

"아니요, 저는 가짜 거북이 뭔지도 모릅니다."

앨리스의 대답에 여왕이 덧붙였다.

"가짜 거북 수프를 끓이는 그것 말이다."

앨리스가 말했다.

"그런 건 본 적도 들은 적도 없습니다."

★ ★ ★ ★ ★

그리핀이 이런저런 제안을 했다.
"그럼 바닷가재 춤의 다음 동작을 해볼까? 아니면 가짜 거북이 부르는 노래를 더 들을까?"
"노래가 듣고 싶어요, 불러 주시기만 한다면요."
앨리스가 너무 간절히 청하는 게 기분 나빴는지 그리핀의 말투가 곱지 않았다.
"흥! 취향도 가지가지로군! 이봐 친구,「거북 수프」나 한 번 불러줘 봐."
가짜 거북이 한숨을 푹 내쉬고는, 울음이 북받쳐 목멘 소리로 노래를 부르기 시작했다.

뜨거운 그릇 담겨 기다리는
초록빛 진한 맛 일품 수프!
그런 진미 앞이라면 무릎인들 못 꿇으리?
오늘 저녁 수프, 일품 수프!
오늘 저녁 수프, 일품 수프!

일푸-움 수우-프!
일푸-움 수우-프!

오오-늘 저녁의 수우-프,
맛이 일품 수프!

일품 수프 앞이라면 생선인들
고기인들 무슨 요린들 관심 가리?
무엇인들 못 내주리?
일품 수프 두 숟갈이면?
일품 수프 한 숟갈이면?

일푸-움 수우-프!
일푸-움 수우-프!
오오-늘 저녁의 수우-프,
맛이 일품 수프!

『이상한 나라의 앨리스』 제10장 중에서

송아지 머리 …… 1/2마리 분량(삽화에 보이는 가짜 거북의 머리와 뒷발굽과 꼬리에 주목)

육수 …… 4파인트

조리 햄 …… 1/4파운드

밀가루 …… 2와 1/2 온스

통후추 …… 6알

정향 …… 3개

셰리주

허브

버섯 케첩 …… 2테이블스푼

레몬 껍질

소금

후추

1. 송아지 머리에 육수를 붓고 끓인다. 정향, 레몬 껍질 조각, 통후추, 햄 그리

고 취향껏 허브를 함께 넣는다.

2. 고기가 부드럽게 익으면 햄을 꺼내 잘게 썬다.

3. 송아지 머리를 꺼내 뼈에서 살을 발라낸다.

4. 발라낸 살코기 절반은 잘게 썰어 햄과 섞어둔다. 남은 고기 절반은 다른 요리에 써도 된다.

5. 뼈를 다시 냄비에 넣고 1시간 동안 뭉근히 끓인다.

6. 건더기를 걸러낸다.

7. 걸러낸 국물에 밀가루를 넣어 걸쭉하게 만든다.

8. 셰리주 두 컵을 넣고, 구할 수 있으면 버섯 케첩도 넣는다.

9. 소금, 후추로 간한다.

10. 잘게 잘라둔 살코기와 햄을 냄비에 섞는다.

11. 전통적인 느낌을 주려면, 달걀 2개를 얇게 썰어 수프 그릇 바닥에 가지런히 깔고 그 위에 수프를 담는다.

12. 그대로도 일품이지만 이렇게 내면 담음새까지 초일품이 된다.

하트 여왕의 잼타르트

앨리스와 그리핀이 도착해보니 왕좌에는 하트 왕과 하트 여왕이 앉아 있고, 주위에는 엄청난 인파가 북적였다. 각양각색의 작은 새들, 짐승들도 모이고, 카드 한 벌이 전원 집결한 가운데 무리 맨 앞에 하트 잭이 사슬에 묶여서 있고, 양옆을 병사 둘이 지키고 있었다. 왕 옆쪽으로는 한 손에 나팔, 한 손에 양피지 두루마리를 든 흰 토끼가 보였다. 재판정 정중앙 탁자에는 큼지막한 접시에 타르트

가 담겨 있는데, 어찌나 먹음직스럽던지 앨리스는 그걸 보는 순간 배가 고파졌다. '얼른 재판이 끝나서, 저런 간식 좀 나눠주면 좋을 텐데!' 하지만 그럴 기미가 통 보이지 않아 앨리스는 시간을 때울 겸 주위를 두리번거렸다.

★ ★ ★ ★ ★ ★

"전령, 혐의 내용을 고하라!"

왕의 명령이 떨어지자 흰 토끼가 나팔을 세 번 불고 양피지 두루마리를 펼쳐 읽기 시작했다.

어느 여름날, 하트 여왕께서

온종일 타르트를 만드셨다.

그 타르트를 하트 잭이 훔쳐

멀리 딴 데로 빼돌렸던 것이다!

『이상한 나라의 앨리스』 제11장 중에서

파이 반죽('당밀 우물 타르트' 편 참고)

잼

1. 반죽을 밀어 약 0.6밀리미터 두께로 편다.
2. 페이스트리 커터로 사용할 타르트틀보다 조금 더 큰 동그라미 모양으로 반죽을 자른다.
3. 잘라낸 둥근 반죽을 틀에 하나씩 넣어 꾹꾹 누른다.
4. 반죽 위에 잼을 조금씩 얹는다.
5. 굽는 동안 잼이 마르지 않도록 잼 위에 살짝 물을 뿌린다.
6. 적당히 예열한 오븐에 넣고 섭씨 218도에서 살짝 갈색이 될 때까지 10~15분 정도 굽는다.
7. 속까지 익었는지 확인하려면 타르트를 틀에서 빼 밑면을 살펴본다.
8. 케이크 받침대에 얹어 식히고, 잠시도 감시를 소홀히 하지 않는다.

거울 속 우유

"키티야, 너는 거울 속 집에 살면 어떨 것 같니? 저기서도 사람들이 너한테 우유를 줄까? 아마 거울 속 우유는 마시지 못할 거야…… 참, 키티야! 이번엔 복도로 가보자. 우리 집 거실문을 활짝 열어두면, 거울 속 집의 복도가 아주 살짝 보여. 보이는 부분은 우리 복도와 거의 같지만, 안 보이는 그 너머는 아주 딴판일지도 몰라. 아아, 키티야, 거울 속 집으로 들어갈 수만 있다면 얼마나 좋을까! 틀림없이 저 안에는 아름다운 것들이 가득할 텐데! 그래,

저 안으로 들어가는 길이 있다고 상상해보자. 거울이 거즈처럼 보드라워져서 우리가 통과할 수 있다고 상상하는 거야. 어머, 지금 거울이 안개 같은 것으로 변하고 있어, 진짜로! 충분히 통과할 수 있겠어······."

말을 하다 보니 자신이 벽난로 선반 위에 올라와 있는데, 어떻게 올라가게 됐는지 앨리스로서는 알 길이 없었다. 게다가 분명 거울이 반짝이는 은빛 안개처럼 점점 사라져 가는 게 아닌가. 어느 틈에 거울을 뚫고 들어간 앨리스가 거울 속의 방 안으로 사뿐히 뛰어내렸다.

『거울 나라의 앨리스』 제1장 중에서

차가운 우유 …… 1파인트

아이스크림 …… 1파인트

향료는 다음 중 취향껏 선택한다 …… 으깬 바나나, 블랙커런트시럽, 설탕 넣은 인스턴트커피, 살구 퓨레, 초콜릿파우더

실험에 필요한 넉넉한 시간

1. 아이스크림을 작은 덩어리로 자른다.
2. 뚜껑을 돌려 여는 큼직한 단지에 아이스크림을 담는다.
3. 선택한 향료와 우유를 붓는다.
4. 뚜껑을 닫고 거품이 생길 때까지 단지를 세게 흔든다.
5. 큰 컵에 부어 내간다.
6. 이 거울 나라 우유는 단연코 몸에 좋다. 먹어도 괜찮을까 앨리스가 의문을 품었던 거울 속 우유와는 다르다. 과학적으로 입증된 바에 따르면, 우유와 여자아이는 비대칭적으로 서로 상반된 기질적 특성 때문에 접촉 순간 폭발을 일으킨다 하니, 실제로 그걸 먹었다가는 앨리스의 몸속에 대변동이 일어났을지도 모를 일이다.

아주 퍽퍽한 비스킷

"느림보 나라로다! 이 나라에서는 말이다, 같은 자리에 머물려면 있는 힘껏 달려야 한다. 다른 곳에 가고 싶으면, 그것보다 최소 두 배는 더 빨리 달려야 하지."

여왕이 말했다.

"그럼 저는 다른 데는 가지 않을래요. 그냥 여기 있는 걸로 충분해요. 다만 너무 덥고 목이 마르네요."

앨리스가 다급하게 대꾸했다.

"네가 뭘 원하는지 내 알지!"

여왕이 상냥하게 말하며 주머니에서 조그마한 상자를

꺼냈다.

"비스킷 하나 줄까?"

앨리스는 비스킷을 먹고 싶은 마음은 조금도 없었다. 그렇지만 싫다고 거절하는 것은 예의가 아닌 것 같아 하나를 받아 억지로 입에 넣었는데, 비스킷이 어찌나 퍽퍽하던지 이렇게 숨을 못 쉴 만큼 목이 메기는 처음이라는 생각이 들 정도였다.

"네가 기운을 차리는 동안 나는 측량이나 하련다."

여왕이 말하고는 주머니에서 눈금이 표시된 줄자를 꺼내 땅의 길이를 재고 여기저기 작은 말뚝을 꽂으며 돌아다녔다.

"2미터 되는 지점에서 네가 갈 방향을 일러주겠다."

거리를 표시하는 말뚝을 꽂으며 여왕이 말했다.

"비스킷 하나 더 줄까?"

"아니요, 고맙습니다만 하나면 돼요!"

"갈증은 가셨겠지?"

『거울 나라의 앨리스』 제2장 중에서

가루설탕 …… 4온스

버터 …… 4온스

달걀 푼 것 …… 1개

밀가루 …… 1/2파운드

레몬 …… 1개

소금 …… 한 꼬집

강판에 간 넛멕 …… 약간

1. 버터와 설탕을 실온에 두었다가 따뜻한 그릇에 담는다. 거품 낸 생크림처럼 가볍고 부드러운 상태가 될 때까지 거품기로 세게 젓는다.

2. 풀어놓은 달걀을 넣고 세게 젓는다.

3. 밀가루를 체에 내려 섞는다.

4. 넛멕, 소금, 강판에 간 레몬 껍질을 넣는다.

5. 반죽이 되직해질 때까지 잘 섞는다.

6. 작업대에 밀가루를 살짝 뿌린 뒤 반죽을 얇게 민다.

7. 원하는 모양으로 반죽을 찍어낸다. 하트, 다이아몬드, 클로버, 스페이드, 무엇이든 괜찮다.

8. 작은 핀으로 반죽에 골고루 구멍을 낸다.

9. 기름칠한 팬에 담아 오븐에 넣고 약 섭씨 163도의 중저열에서 갈색빛이 살짝 돌 때까지 굽는다.

10. 오븐에서 꺼냈을 때 지나치게 퍽퍽해 보이지 않도록 주의한다.

스냅드래곤

"네 머리 위의 나뭇가지를 봐. 활활건포도잠자리가 있을 거야. 몸통은 건포도 푸딩, 날개는 호랑가시나무 잎, 머리는 브랜디에 넣어서 불붙인 건포도로 되어 있어."

각다귀의 설명을 듣고 앨리스가 아까와 똑같이 물었다.

"저건 뭘 먹고 살아?"

"프루멘티와 민스파이를 먹고 살아. 집은 크리스마스 선물 상자 안에 짓지."

각다귀가 대답했다.

'그래서 그렇게 곤충들이 촛불에 뛰어들기를 좋아하는

걸까? 이 잠자리처럼 활활 불붙은 벌레가 되고 싶어서?'
머리에 불이 붙은 잠자리를 한참 들여다보며 이런 생각을 하다가 앨리스가 다시 입을 열었다.

"또 다른 곤충으로는, 나비가 있어."

『거울 나라의 앨리스』 제3장 중에서

깊이가 깊지 않은 금속 그릇

브랜디

보드카

씨 있는 굵은 건포도

1. 스냅드래곤은 음식이라기보다는 빅토리아 시대의 전통적인 크리스마스 놀이다. 먼저 그릇에 브랜디를 채우고 건포도를 넣은 다음 술에 불을 붙인다.

2. 이 게임의 목표는 팔락거리는 파란 불꽃 속에서 건포도를 재빨리 낚아채 불이 꺼지기 전에 입안에 던져 넣는 것이다. 그래서 팔락거린다는 뜻의 플랩드래곤이라 불리기도 한다.

3. 분위기를 살리려면 다른 불빛을 모두 끄고 실내가 어두워야 힌다. 불꽃이 최대한 오래가도록 하려면, 미리 브랜디에 보드카를 섞을 때 브랜디 2에 보드카 1의 비율을 지켜 둘 다 향이 날아가지 않도록 한다.

4. 놀이를 하기 전에 미리 술이 담긴 단지에 건포도를 하루 이틀 담가두면, 건포도의 풍미가 한결 강해진다.

프루멘티와 민스파이

앨리스가 아까와 똑같이 물었다.
"저건 뭘 먹고 살아?"
"프루멘티와 민스파이를 먹고 살아. 집은 크리스마스 선물 상자 안에 짓지." 각다귀가 대답했다.

『거울 나라의 앨리스』 제3장 중에서

프루멘티

밀 배아 …… 4온스(예컨대 '프로망' 같은 제품은 건강식품점에서 쉽게 구할 수 있다)

우유 …… 1파인트 / 2테이블스푼

알 굵은 건포도 …… 2온스

밀가루 …… 2티스푼

시나몬 …… 한 꼬집

강판에 간 넛멕 …… 1/4티스푼

꿀 …… 1~2테이블스푼

크림

1. 전통적으로 사슴 구이에 곁들이던 중세 음식이지만, 이것만 따로 먹어도 맛이 좋다. 비교적 현대식으로 만들어 보자면, 먼저 냄비에 우유 1파인트를 붓고 약불에 데운다.

2. 밀 배아를 조금씩 나눠 넣으며 계속 젓는다.

3. 밀가루에 남은 우유를 넣고 반죽한 다음 냄비에 한데 섞는다.

4. 서서히 끓을 때까지 계속 젓는다.

5. 끓기 시작하면 불을 줄이고 5분간 익히면서 계속 젓는다.

6. 건포도, 꿀, 넛멕, 시나몬을 넣는다.

7. 취향껏 크림을 얹고 개별 요리로 낸다.

민스파이

신맛이 강한 사과 …… 1과 1/2 파운드

오렌지 …… 1개

레몬 …… 1개

귤 …… 1개

알 작은 케이크용 건포도 …… 1파운드

알 굵은 건포도 ······ 1/2파운드

황금 건포도 ······ 1파운드

믹스 필(잘게 잘라 설탕에 절인 건조과일 모둠-옮긴이) ······ 4온스

아몬드 ······ 4온스

채 썬 수이트(주로 소 등심이나 신장에서 나온 지방을 가공한 기름. 영국에서는 덩어리 상태나 잘게 썬 상태로 식료품점에서 판매한다. 베이컨 기름이나 버터로 대신할 수 있다-옮긴이) ······ 1파운드

고운 브라운 슈가 ······ 3/4파운드

다진 생강 ······ 1티스푼

넛멕 가루 ······ 1티스푼

시나몬 ······ 1티스푼

브랜디 ······ 5테이블스푼

럼 ······ 5테이블스푼

1. 사과 껍질을 얇게 벗기고 씨를 제거한 뒤 곱게 다진다.

2. 아몬드를 끓는 물에 담가 껍질을 벗기고 잘게 다진다.

3. 커다란 믹싱볼에 사과, 아몬드, 3가지 건포도, 믹스 필, 수이트를 한데 넣고 섞는다.

4. 오렌지, 레몬, 귤을 각각 즙을 내고 껍질은 강판에 갈아 모두 넣어준다. 설탕과 향신료들도 함께 넣는다.

5. 충분히 섞어준다.

6. 마지막으로 두 가지 술을 넣고 잘 젓는다.

7. 서늘한 곳에 이틀 두었다가 밀폐가 가능한 저장용기에 담아 보관한다.

8. 최소 한 달간 기다렸다 사용하는 게 가장 좋다. 그 밖에도 민스파이에는 다음 재료가 필요하다: 파이 반죽('당밀 우물 타르트' 편 참고) / 가루설탕 / 물 한 주전자

9. '당밀 우물 타르트' 편에서 소개한 방식대로 둥근 빵틀에 반죽을 얹는다.

10. 반죽 안에 준비해놓은 파이 소를 채운다.

11. 반죽으로 뚜껑을 덮은 뒤 가장자리를 맞춰 자르고 주름을 잡는다.

12. 증기가 빠져나가도록 윗면에 2~3곳 길게 칼집을 낸다. 적당히 예열된 오븐에 넣고 섭씨 218도에서 반죽이 황갈색을 띨 때까지 40~50분 정도 굽는다.

13. 설탕옷을 입힌다. 뜨겁게 먹어도 좋고 차게 먹어도 좋다.

14. 활활건포도잠자리가 먹이를 보고 달려들면 준비해놓은 물을 뿌려 물리친다.

———

버터바른빵나비 푸딩

"네 발밑에 기어가고 있어."

각다귀의 말에 앨리스가 움찔하며 발을 뒤로 뺐다.

"보이지? 그게 버터바른빵나비야. 버터 바른 얇은 빵 조각이 날개고, 몸통은 빵 껍질, 머리는 각설탕이야."

"얘는 뭘 먹고 살아?"

"크림 넣은 연한 홍차."

앨리스의 머리에 새로운 의문이 떠올랐다.

"만약 홍차를 못 찾으면?"

"당연히 죽겠지."

"하지만 그런 일이 꽤 잦을 텐데."

마음이 쓰이는 듯 앨리스가 말했다.

"늘 있는 일이지."

『거울 나라의 앨리스』 제3장 중에서

버터 바른 얇은 빵 …… 6장

우유 …… 1파인트

알 작은 케이크용 건포도 …… 2온스

황금 건포도 …… 2온스

설탕 …… 2온스

달걀 …… 2개

바닐라에센스 …… 1/2티스푼

넛멕

소금

버터

1. 파이 접시 안쪽에 버터를 넉넉히 바른다.
2. 버터 바른 빵에서 빵 껍질 부분을 잘라낸 몸통 부분을 접시 안에 가지런히 겹쳐 담고 설탕, 2가지 건포도를 사이사이 뿌린다.
3. 바닐라에센스와 소금으로 우유에 맛을 낸다.
4. 달걀을 풀어 우유에 넣고 거품기로 세게 휘젓는다.

5. 4의 달걀물을 빵 위에 붓고 10분 동안 그대로 둔다.

6. 넛멕을 강판에 갈아 뿌린다.

7. 오븐에 넣고 섭씨 163도에서 1시간 동안 천천히 익힌다. 윗면이 바삭해지고 달걀물이 부드럽게 익으면 다 된 것이다.

8. 연한 홍차는 빼고, 크림만 곁들여 낸다.

굴 만찬

해는 바다를 환히 비추며
온 힘을 다해 반짝이고 있었지.
일렁이는 물결 잔잔히 빛나도록
온 수고를 마다하지 않았네.
그런데 참 이상하지,
마침 때는 한밤중이었으니.

달은 반짝여도 샐쭉하였지,
낮이 다 지났으니
해 낄 자리 아니거만.
"그것참 무례하다, 어딜 끼어
남의 재미 훼방을 놓나!"

바다는 젖을 대로 젖어 있었고,

모래는 마를 대로 말라 있었지.
구름을 한 점도 보지 못한 건
하늘에 구름이 없어서였지.
머리 위로 새 한 마리 날지 않은 건
날아다닐 새들이 없어서였지.

바다코끼리와 목수
둘이서 나란히 걷고 있었네.
이렇게 많은 모래는 본 적이 없어
몹시도 서럽게 흐느끼네.
"누가 이걸 말끔히 치워준다면,
기분이 얼마나 끝내줄까!"

"하녀 일곱이 대걸레 일곱 자루로
여섯 달을 쓸고 닦으면
말끔히 치워질까?"
바다코끼리 물음에
"안될걸." 답한 목수,
주르륵 흐르는 쓰라린 눈물.

"굴들아, 나와서 같이 걷자!"
바다코끼리 간곡히 청해보네.
"바닷가 따라서 상쾌하게
오손도손 얘기하며 걸어보자.
넷까지만 와야겠구나,
한 손씩 잡아주려면."

가장 나이 든 굴이 쳐다보긴 하는데
입은 꾹 다물었네.
가장 나이 든 굴이 한 눈을 찡긋하는데
무거운 머리를 가로젓네.
굴 밭을 떠날 마음은
없다는 뜻이겠지.

하지만 신나는 일에 목마른 어린 굴 넷,
냉큼 따라나섰지.

외투는 말쑥하게, 얼굴은 말끔하게,
신발도 깔끔했지.
그런데 참 이상하지,
굴에게는 발이 없으니.

다른 굴 넷이서 그 뒤를 따라오네,
그 뒤로 또 넷,
그렇게 줄줄이 몰려나오더니
갈수록 우글우글 점점 더 바글바글.
파도 거품 뛰어넘어
모두들 해안으로 엉금엉금.

바다코끼리와 목수는
1킬로미터쯤 걷다가
야트막한 바위 있어
걸터앉아 쉬었네.
조그만 굴들은 앉지도 못하고
모두들 줄을 서서 기다렸네.

바다코끼리가 말했지.
"때가 됐으니, 이런저런 얘기를 해 볼까.
신발, 배, 밀랍도 좋고
양배추와 왕들의 얘기도 좋지.

또 바다가 왜 뜨겁게 끓는지,
돼지들은 과연 날개가 있는지."

"잠시만요!" 굴들이 외쳤네.
"얘기를 하기 전에 잠시만 쉬어요.
우린 모두 뚱뚱하고
몇몇은 숨이 차요!"
"서둘 것 없지."
말해준 목수에게 굴들이 고맙다 인사했네.

바다코끼리가 말했지.
"무엇보다 우선은 빵 한 덩어리가 있어야 해.
후추와 식초까지
있으면 더 좋겠지.

자, 굴들아, 준비가 됐으면,
이제 그만 먹어볼까?"

"우리를 먹진 않겠지요!"
굴들이 파랗게 질려 소리를 질렀네.
"그렇게 친절히 굴어 놓고 이토록 음울한 짓이라니!"
"어둡지만 날이 맑아."
바다코끼리 딴청 피우네.
"경치도 훌륭하지?"

"친절히 와 준 건 너희들이지!
너희들 참 착하구나!"
목수는 그저 먹을 궁리뿐,
"한 조각 더 내놓거라.
두 번씩 말하지 않게
귀가 좀 밝으면 얼마나 좋아!"

바다코끼리 한탄했네.
"속임수를 쓰다니 부끄러운 짓이야!
이렇게 멀리까지 데려와 놓고,
그렇게 숨차게 걷게 해놓고."
목수는 그저 먹을 궁리뿐,
"버터를 더 얇게 발랐어야지!"

바다코끼리 탄식했네. "너희 생각에
눈물이 난다. 참으로 가엾구나!"
한 손으로 손수건 들어
흐르는 눈물 감추면서
훌쩍훌쩍 우는 한편,
제일 큰놈으로만 추려내기 바쁘구나.

"오오, 굴들아,
즐거운 달리기였지!
다시 집까지 뛰어가 볼까?"
목수의 물음에 아무도 대답이 없네.
물론 이상할 것 없시,
죄다 먹어치웠으니.

『거울 나라의 앨리스』 제4장 중에서

굴

버터 바른 갈색 빵

카옌 페퍼(고운 고춧가루의 일종)

레몬즙

1. 수돗물을 차게 틀고 굴을 박박 문질러 닦는다.

2. 왼손을(왼손잡이면 오른손을) 행주로 감싼다. 더 깊숙한 껍데기가 아래에 놓이도록 작업대에 놓고 왼손으로 단단히 붙잡는다. 이때 껍데기의 경첩 같은 뒷부분이 오른쪽을 향하도록 놓는다.

3. 잘 드는 짧은 칼의 칼끝을 껍데기 사이에 넣고, 경첩 부분부터 테두리를 따라 살살 훑어가면 껍질 안쪽 외투막이 분리된다.

4. 지렛대처럼 칼을 움직여 껍데기를 연다.

5. 껍질에 굴과 즙이 담긴 채로 부순 얼음과 해초 위에 얹어 낸다.

6. 위에 소개한 다른 재료를 곁들이는 것은 굴을 생으로 먹는 전통만큼이나 자연스런 전통이자 반드시 지키는 관례다. 구구절절 더 말을 붙이느니, 마무리는 하얀 여왕에게 들어보자.

하얀 여왕이 기쁘게 활짝 웃으며 앨리스의 볼을 쓰다듬었다. 그리고 시를 읊기 시작했다.

"먼저 생선을 잡아야 해."

그건 쉽지. 갓난쟁이도 잡을 수 있을걸.

"그다음엔, 생선을 사야 해."

그것도 쉬워. 동전 한 닢이면 살 수 있을 거야.

"이제 생선을 요리할게!"
그것도 쉽지. 1분도 안 걸릴걸.
"접시에 담아!"
그것도 쉬워. 벌써 접시에 담겨 있으니까.

"이리 가져와! 먹어 보자!"
접시를 식탁에 놓기는 쉬워.
"접시 뚜껑을 열어!"
아, 그건 너무 어려워서 못하겠는걸!

아교처럼 단단히 붙어 있거든.
뚜껑이 접시에 꼬옥 붙어 있고,
그 한가운데 생선이 들어 있거든.
어느 쪽이 더 쉬울까?
"접시 뚜껑 열기? 아님 수수께끼 덮기?"

"잠시 생각해보고 알아맞혀 봐."
붉은 여왕이 말했다.

7. 1878년 10월 30일자 『펀*Fun*』 잡지에 누군가 익명으로 이런 답을 보내왔다.

"튼튼한 굴 까기용 칼을 구한다.

뚜껑과 접시 사이 한가운데 칼을 넣는다.

얼마 지나지 않아

굴 접시 뚜껑을 열고, 수수께끼 뚜껑도 덮게 될걸!"

내일 잼과 어제 잼

앨리스가 조심조심 솔빗을 빼낸 뒤, 딴에는 솜씨를 다해 여왕의 머리를 매만졌다. 핀을 모두 다시 꽂고 나서 앨리스가 말했다.

"보세요, 이제 한결 나아졌어요! 하지만 시녀를 한 사람 꼭 두셔야겠어요."

"너라면 기꺼이 곁에 두마! 일주일에 동전 두 닢을 주고, 이틀에 한 번은 잼을 주겠다."

여왕의 제안에 앨리스는 참지 못하고 웃음을 터뜨리며

말했다.

"저를 시녀로 쓰시란 건 아니에요. 게다가 저는 잼을 안 좋아해요."

"정말 맛있는 잼이야."

"그래도 어쨌든 오늘은 잼을 먹고 싶지 않아요."

"네가 먹고 싶다 해도 오늘은 먹을 수 없을 게다. 내일 잼과 어제 잼은 있어도 오늘 잼은 없어. 규칙이 그렇다."

"때로는 어쩔 수 없이 오늘 잼이 되기도 하잖아요."

앨리스는 여왕의 말을 수긍하지 않았다.

"아니, 그럴 수 없다. 하루걸러 한 번씩 잼이 나오는데, 오늘은 오늘이지 하루 거른 다른 날이 아니지 않니."

"무슨 말인지 모르겠어요. 무지 헷갈려요!"

"거꾸로 살아서 그런 거란다."

여왕이 상냥하게 설명을 했다.

"처음에는 누구나 어지러워하지."

앨리스가 펄쩍 놀라며 여왕의 말을 잘랐다.

"거꾸로 살다니요! 그런 말은 처음 들어요!"

『거울 나라의 앨리스』 제5장 중에서

자두

설탕(과일과 설탕의 비율은 1 대 1로 한다)

물

소금 …… 한 꼬집

1. 자두를 반으로 잘라 씨와 줄기를 제거한다.

2. 잼용 냄비에 과일과 설탕, 소금을 담고 물을 조금 붓는다. 물은 과일 1파운드당 1/4파인트를 넘지 않아야 하며, 실제로 그보다 적게 넣는다. 자두에 과즙이 풍부하면 아예 넣지 않아도 된다.

3. 끓을 때까지 서서히 가열한다.

4. 30분 동안 약불에서 뭉근히 끓인 뒤 불을 세게 하고 응고점이 될 때까지 재빨리 저어주며 끓인다(이 부분은 '루이스 캐럴의 옥스퍼드 마멀레이드' 편을 참고하라).

5. 떠오르는 거품은 깨끗이 걷어낸다.

6. 잠시 식혔다가 물기를 제거한 따뜻한 병에 담아 마멀레이드인 양 보관한다. 무지 헷갈리도록!

아주 예쁜 달걀

앨리스는 금세라도 험프티 덤프티가 떨어질 것 같아서 두 손을 내밀고 서 있었다.

"어쩜 저렇게 달걀이랑 똑같이 생겼지!"

이번에는 생각을 소리 내서 말해 버렸다.

"정말 짜증난다, 나더러 달걀이라니, 너무하다고!"

긴 침묵을 깨고 험프티 덤프티가 입을 열었다. 시선은 여전히 앨리스를 외면하고 있었다.

"달걀이라는 게 아니라 달걀처럼 생겼다고요."

앨리스가 차분하게 설명을 했다.

"그리고 달걀 중에는 아주 예쁜 달걀도 있어요."

이렇게 말하면 좀전의 말을 칭찬으로 들어주지 않을까 생각이 들었다.

"어떤 사람들은 갓난아기보다도 분별력이 없다니까!"

험프티 덤프티는 여전히 앨리스에게 눈길도 주지 않고 다른 곳을 바라보았다.

『거울 나라의 앨리스』 제6장 중에서

삶은 달걀 …… 6개

끓는 물 …… 1파인트

오렌지페코 …… 1과 1/2 테이블스푼

아니스 씨 …… 1/4티스푼

간장 …… 2테이블스푼

소금 …… 3/4테이블스푼

1. 오렌지페코 홍차에 끓는 물을 붓고 5분간 기다렸다가 걸러낸다.

2. 아니스 씨, 간장, 소금을 넣고 젓는다.

3. 삶은 달걀을 낙사에 실실 굴려 껍질이

깨지지 않고 골고루 자잘한 금이 가게 만든다.

4. 이 상태로 달걀을 홍찻물에 넣고 1시간 동안 뭉근히 가열한다(팔팔 끓이지 않도록 주의한다).

5. 달걀 껍질을 벗긴다(손님이 식탁에서 직접 깔 수 있도록 껍질째 남겨두어도 좋다). 달걀 표면이 신기할 만큼 미세하게 금이 간 골동품 도자기와 닮았을 것이다. 온몸에 금이 간 험프티 덤프티에게 이렇게 말한들 위로가 될지는 모를 일이지만.

'H'로 시작하는 햄 샌드위치 버터

"이 꼬마 아가씨가 이름이 'H'로 시작하는 네가 좋다는군."

왕이 심부름꾼에게 앨리스를 소개했다. 내심 심부름꾼의 주의를 다른 데로 돌려보려는 행동이었지만 효과가 없었다. 심부름꾼은 왕방울만 한 눈을 뒤룩뒤룩 굴리며 갈수록 기기묘묘한 앵글로색슨족 특유의 자세를 취해 보였다.

"불안하게 왜 이러니! 현기증이 나는군. 햄 샌드위치나 내놔!"

왕의 말을 듣고 심부름꾼이 목에 걸고 있던 자루에서 샌드위치를 하나 꺼내 왕에게 건넸다. 왕이 게걸스럽게 샌드위치를 먹어치웠다. 앨리스는 심부름꾼의 모습을 재미있게 지켜보았다.

"샌드위치 하나 더!"

왕이 말했다.

"남은 게 건초밖에 없는데요."

심부름꾼이 자루 속을 들여다보며 말했다.

"그럼 건초라도."

왕의 웅얼거림이 들릴락 말락 하였다. 건초를 먹고 왕의 기력이 회복되어 앨리스도 마음이 놓였다.

"현기증이 날 때는 건초만 한 게 없지."

건초를 우적우적 씹으며 왕이 앨리스에게 말했다.

"찬물을 끼얹는 게 더 낫지 않을까요? 아니면 각성제를 코에 갖다 대던가요."

앨리스가 자기 생각을 말했다.

"내가 뭐가 더 낫다고 하더냐. 그것만 한 것이 없다고 했지."

앨리스도 굳이 이 말까지 반박하고 나서지는 않았다.

『거울 나라의 앨리스』 제7장 중에서

곱게 다진 햄 …… 4온스

소프트버터 …… 2온스

더블크림 …… 1테이블스푼

카엔 페퍼

1. 절구에 햄을 넣고 부드럽게 이겨질 때까지 찧는다. 버터를 좀 넣으면 찧기가 더 쉽다.
2. 찧은 햄을 고운 체에 내린다.
3. 남은 버터와 더블크림을 넣고 잘 섞는다.
4. 카엔 페퍼를 충분히 넣어 맛을 낸다.
5. 그리고 현기증을 이겨내려면 카엔 페퍼를 좀 더 넣는 게 좋다.

혼성빵

"귓속말로 전해 드립지요."

심부름꾼이 두 손을 나팔 모양으로 입에 갖다 대고 고개를 숙여 왕의 귀에 바짝 다가왔다. 같이 소식을 듣고 싶었던 앨리스로서는 아쉬운 노릇이었다. 그런데 심부름꾼이 귓속말을 하는 대신 있는 대로 목청을 높여 소리를 내지르는 것이다.

"그들이 또 시작했습니다!"

"그걸 지금 귓속말이라고 하는 게냐?"

왕이 버럭 성을 냈다. 딱하게도 화들짝 놀라 몸이 튀어오르고 부들부들 떨기까지 했다.

"또다시 이런 짓을 했다가는 네 몸에 버터를 발라버릴 줄 알아라! 지진이 난 것처럼 머릿속이 흔들리지 않았느냐!"

'아주 조그만 지진이었겠네!' 속으로 이런 생각을 하며 앨리스가 용기를 내어 물었다.

"누가 또 시작했다는 거예요?"

"그야 물론 사자와 유니콘이지."

왕이 대답했다.

"왕관을 놓고 싸우나요?"

"그렇지, 뭣보다 웃기는 건 그때나 지금이나 내 왕관을 차지하려고 싸운다는 거야! 얼른 가서 구경이나 해보자."

그렇게 셋이 길을 재촉하여 가는 동안 앨리스는 뛰면서도 속으로 옛 노래 소절을 중얼거렸다.

사자와 유니콘이 왕관을 놓고 싸웠다네.
마을을 한 바퀴 돌며 유니콘이 사자에게 얻어맞았지.
누구는 흰빵을 주고, 누구는 갈색빵을 주고,
누구는 건포도 케이크를 주며 북을 쳐 몰아냈다네.

"이기는 쪽이…… 왕관을 차지하게……되나요?"

달리느라 숨을 헐떡이며 앨리스가 간신히 던진 물음에

왕이 말했다.

"맙소사! 무슨 그런 생각을!"

★ ★ ★ ★ ★

그들은 두 심부름꾼 중 나머지 한 사람, 해터 가까이에 자리를 잡았다. 해터는 한 손에 찻잔을, 다른 손에 버터 바른 빵을 들고 서서 싸움을 구경 중이었다.

"저 친구는 이제 막 감옥에서 나왔어. 마시던 차도 다 못 마시고 잡혀갔지. 감옥에서는 굴 껍데기만 준대. 그러니 저렇게 배가 고프고 목이 마르겠지."

앨리스에게 소곤소곤 이런 말을 해주고서 헤어는 해터의 목에 정답게 팔을 두르고 인사를 건넸다.

"어이, 친구, 잘 지냈어?"

해터가 뒤를 돌아보고 고개를 한 번 끄덕이더니 다시 버터 바른 빵을 베어 물었다.

"감옥은 지낼 만했나, 친구?"

헤어가 물었다.

해터가 다시 한 번 뒤를 돌아보았다. 이번에는 뺨 위로 눈물이 한두 방울 흘러내리는데 여전히 아무 말도 하지 않았다.

"뭐라고 말 좀 해!"

헤어가 답답한 듯 빽 소리를 질렀다. 그래도 해터는 빵을 우물우물, 차를 홀짝대기만 했다.

"어째 말이 없느냐!"

왕도 언성을 높였다.

"싸움은 어떻게 돼 가고 있는가?"

해터가 아등바등하며 가까스로 커다란 빵 조각을 목구멍으로 넘기고는 목이 꽉 졸린 소리로 말을 시작했다.

"양쪽 다 잘하고 있습니다. 각각 여든일곱 번쯤 쓰러졌습니다."

"그럼 이제 슬슬 흰빵과 갈색빵을 내오겠네요?"

앨리스가 대담하게 끼어들었다.

"지금 그걸 기다리는 중이야. 내가 먹고 있는 이 빵도 거기서 나온 조각이야."

마침 그때 싸움이 잠시 중단되었다. 사자와 유니콘이 숨을 헐떡이며 바닥에 주저앉은 사이 왕이 "10분간 간식을 허락한다!"라고 외쳤다. 헤어와 해터가 후다닥 나서서 흰빵 갈색빵이 담긴 둥근 쟁반을 들고 왔다. 앨리스도 맛을 보려고 한 조각 집었는데 빵이 몹시도 딱딱했다.

"오늘은 더 이상 싸울 것 같지 않구나. 가서 북을 울리라 일러라."

왕의 명을 듣고 해터가 폴짝이며 뛰어가는데 그 모습이 마치 메뚜기 같았다.

『거울 나라의 앨리스』 제7장 중에서

백밀가루 …… 1과 1/2 파운드

통밀가루 …… 1파운드

버터나 마가린 …… 2온스

드라이 이스트 …… 1/2온스

소금 …… 1/2온스

따뜻한 물 …… 1과 1/2 파인트

1. 이스트에 물을 조금 넣고 섞는다.

2. 큰 믹싱볼에 밀가루와 소금을 체에 친다.

3. 밀가루 한가운데 움푹한 구멍을 만들어 1을 붓는다.

4. 버터를 녹여 3에 섞는다.

5. 물을 조금씩 여러 번에 나눠 붓고, 손끝으로 모든 재료를 잘 섞는다.

6. 손으로 반죽을 계속 치댄다. 접합용 점토처럼 탄성과 찰기가 생길 때까지 15~20분 동안 반죽을 접고 늘리고 두들겨가며 치댄다.

7. 믹싱볼을 젖은 행주로 덮은 뒤 반죽이 부풀도록 따뜻한 곳에 둔다. 2시간 정도 지나면 2배로 부풀어 있을 것이다. 아니면 하룻밤 정도 숙성시켜도 좋다.

8. 반죽이 부풀면, 다시 가볍게 치대어 4개 덩어리로 나눈다. 기름을 넉넉히 칠한 빵틀 4개에 반죽을 눌러 담거나 반죽에 적당히 모양을 잡아 기름칠한 베이킹 쟁반에 나란히 얹는다.

9. 이 상태로 적당히 따뜻한 실온에 45~60분 정도 둔다. 온도가 너무 높으면 이스트가 활동하지 않으니 주의한다. '프루핑proving'이라 불리는 이 단계를 거치면, 반죽이 더 크게 부풀고 제법 불룩한 촉감이 느껴진다.

10. 섭씨 232도로 예열한 오븐에서 약 45분간 굽는다. 빵이 잘 익었는지 보려면, 빵 아랫면을 통통 두드려본다(물론 틀에서 뺀 다음의 얘기다). 속이 비어 있는 소리가 들리면 잘 익은 것이다.

11. 잘 익었으면, 식힘망에 올려 식힌다.

12. 왜 하필 이름이 '혼성빵'일까? 두 가지 의미를 한 단어로 조합해 기발한

'혼성어portmanteau'를 많이 만든 루이스 캐럴을 본받아, 사자와 유니콘에게 경의를 표하는 뜻에서 '흰빵 갈색빵'이 하나로 합쳐진 새로운 빵을 만들어 봐도 좋지 않을까?

거울 나라 케이크

앨리스를 바라보던 유니콘이 왕에게 돌아서며 말했다.
"어이, 영감, 건포도 케이크를 갖고 와봐! 갈색빵은 질색이야!"

★ ★ ★ ★ ★

앨리스는 얕은 개울이 흐르는 둑에 앉아 커다란 접시를 무릎에 올려놓고 쓱싹쓱싹 열심히 칼질을 하고 있었다.
"얘가 나를 약 올리나!"
사자에게 대꾸하듯 앨리스가 말했다(이제 '괴물'이라 불리는 일에는 꽤 적응이 되려는 참이다).
"벌써 몇 조각이나 잘랐는데, 아무리 잘라도 다시 붙어 버리네!"
"너는 거울 나라 케이크를 어떻게 다뤄야 하는지 모르

는구나."

유니콘이 한마디 했다.

"먼저 나눠 주고, 그런 다음 잘라야지."

터무니없는 소리 같았지만, 앨리스는 고분고분 일어나서 케이크 접시를 들고 차례로 돌았다. 그랬더니 케이크가 제 스스로 잘려 세 조각으로 나뉘었다. 빈 접시를 들고 자기 자리로 돌아오는 앨리스에게 사자가 말했다.

"이제 잘라라."

앨리스가 손에 칼을 쥐고 어찌할 바를 몰라 얼떨하게 앉아 있는데, 유니콘이 소리를 질렀다.

"내참, 이건 불공평하잖아! 괴물이 나보다 사자한테 두 배나 더 줬어!"

"어쨌든 자기 몫은 하나도 안 남겼네."

사자가 말했다.

"괴물아, 건포도 케이크 좋아하느냐?"

앨리스가 미처 질문에 대답하기도 전에, 북소리가 들려왔다.

『거울 나라의 앨리스』 제7장 중에서

밀가루 ······ 1파운드

버터 ······ 1/2파운드

알 작은 케이크용 건포도 ······ 4온스

믹스 필 ······ 4온스

알 굵은 건포도 ······ 4온스

가루설탕 ······ 1/2파운드

베이킹파우더 ······ 2티스푼

달걀 ······ 3개

스파이스 믹스 ······ 1티스푼

우유

1. 버터와 설탕을 섞어 거품 같은 크림 상태로 만든다('아주 퍽퍽한 비스킷' 편의 1번을 참고하라).

2. 1의 크림 상태 반죽에 달걀을 넣고 거품기로 서서히 풀어준다.

3. 밀가루와 베이킹파우더를 체에 내려 반죽에 조금씩 넣어가며 섞는다.

4. 끝으로 과일과 스파이스를 넣고 섞는다.

5. 반죽이 숟가락에서 쉽게 떨어지는 농도가 되어야 한다. 꼭 필요하면 우유를 조금 첨가한다.

6. 지름 약 19센티미터의 케이크틀에 유산지를 깔고 반죽을 붓는다.

7. 오븐에 넣고 약 섭씨 150도의 저온에서 2~3시간 굽는다.

8. 꼬챙이를 사용해 익었는지 확인한다. 꼬챙이를 가운데 깊숙이 찔렀다 뺐을 때 깨끗하면 다 익은 것이니 식힘망에 얹어 식힌다.

9. '먼저' 자른 뒤 '나중에' 나눠 준다.

빨종이 푸딩

"거꾸로 있으면서 어쩜 그렇게 차분하게 말을 계속할 수 있어요?"

앨리스가 기사의 발을 잡고 끌어내 도랑 둔덕에 누이며 물었다.

기사는 질문이 뜻밖이라는 듯 놀라는 얼굴이었다.

"몸이 어디 어떻게 있든 무슨 상관이더냐? 내 정신은 멈추지 않고 계속 돌아간다. 사실 머리를 거꾸로 하고 있을수록 나는 새로운 것을 쉬지 않고 더 많이 발명하지.

이제껏 발명한 것 중 가장 기발한 것은……"

기사가 잠시 말을 끊었다가 이어갔다.

"식사 중 고기 요리가 나온 코스에서 새로운 푸딩을 발명한 것이었지."

"다음 코스에 맞춰 제때 푸딩이 요리되어 나오도록요? 와, 정말 빨랐겠네요!"

"글쎄, 다음 코스는 아니었지. 그래, 확실히 다음 코스는 아니었어."

생각에 잠긴 듯 기사의 말투가 느릿했다.

"그럼 다음날이었겠네요. 저녁 식사에 푸딩이 두 번씩 나오지는 않을 테니까요."

"글쎄, 다음날도 아니었지. 그래, 다음날이 아니었어. 실은……"

기사가 앞서 했던 말을 되풀이하다가 고개를 떨구고 말을 잇는데, 목소리가 점점 기어들어갔다.

"그 푸딩은 한 번도 만들어진 적이 없구나! 솔직히, 앞으로도 만들어질 일이 없을 게다! 그래도 아주 기발한 발명이기는 했지."

"뭘로 푸딩을 만들 작정이었어요?"

기사가 너무 풀이 죽어 딱해 보여서 앨리스가 그의 기운을 북돋우려고 물어보았다.

"먼저 빨종이가 들어가고."

기사의 대답에 앓는 소리가 섞여 나왔다.

"별로 맛이 좋을 것 같지 않은데……"

기사가 발끈 열을 내며 앨리스의 말을 자르고 나섰다.

"그것만 가지고는 맛이 별로겠지. 하지만 화약이나 봉랍 같은 다른 재료와 섞으면 얼마나 맛이 달라지는지 너는 짐작도 못 할 거다. 여기서 그만 너와 헤어져야겠다."

어느덧 숲이 끝나는 곳에 이르러 있었다. 내내 푸딩만 생각하고 있던 앨리스는 기사의 말을 알아듣지 못하고 어리둥절한 표정이었다.

『거울 나라의 앨리스』 제8장 중에서

쌀 …… 1과 1/2 온스

설탕 …… 1/2온스

우유 …… 1파인트

레몬 껍질 …… 한 조각

소금 …… 한 꼬집

버터 작게 한 덩이

넛멕 강판에 간 것

1. 깨끗이 씻은 쌀을 오븐용 접시에 골고루 뿌린다.
2. 설탕, 소금, 레몬 껍질을 넣는다.
3. 우유를 붓고 버터를 넣는다.
4. 위에 넛멕을 솔솔 뿌린다.
5. 약 섭씨 150도의 저온에서 아주 천천히 2~3시간 동안 굽는다.
6. 부드러운 식감을 내려면 초반에 여러 차례 겉면을 저어 섞어준다.
7. 그 뒤로는 윗면이 짙은 색으로 바삭하게 구워지도록 그대로 익힌다.
8. 추정컨대 하얀 기사가 생각했던 재료는 필시 쌀로 만든 빨종이였을 것이다.

프래터

하지만 내 고민은
하루하루 먹고살 궁리
매일매일 거르지 않고
내 몸을 살찌울 궁리.
그래서 나는 노인의 얼굴이 파래질 때까지
붙들고 이리저리 흔들었네.
"이보쇼, 어찌 사냐니까?
무얼 해서 먹고 사냐니까!"

『거울 나라의 앨리스』 제8장 중에서

밀가루 …… 4온스

올리브오일 혹은 식물성 기름 …… 1테이블스푼

따뜻한 물 …… 1/4파인트

달걀 흰자 …… 2개 분량

소금 …… 1테이블스푼

원하는 과일 …… 사과(씨를 빼고 고리 모양으로 자른다) / 바나나(세로로 2등분한다) / 파인애플(과육만 슬라이스한다) / 체리(줄기는 두고 씨를 뺀다)

가루설탕

식용유

1. 움푹한 그릇에 밀가루와 소금을 체에 내린다.

2. 오일과 물을 넣고 부드러운 반죽이 될 때까지 섞는다.

3. 달걀 흰자를 휘저어 거품을 내고, 반죽에 넣어 가볍게 섞는다.

4. 꼬챙이 끝으로 과일을(체리는 제외) 한 조각씩 집어 반죽에 넣어 튀김옷을 입힌다. 너무 두껍게 묻은 반죽은 털어낸다.

5. 튀김용 팬에 식용유를 넉넉히 담고 뜨겁게 (약 섭씨 170도) 달군다. 기름이 충분히 달궈졌는지 확인하려면, 밀가루 반죽을 조금 떨어뜨려 본다. 지글지글 튀겨지며 위로 떠오르고 색이 짙어지면 알맞은 온도다.

6. 과일을 기름에 넣고 고루 황갈색을 띨 때까지 튀긴다. 최소 한 번씩은 뒤집어준다.

7. 흡수력이 좋은 키친타올에 건져두어 기름을 뺀 뒤 가루설탕을 뿌린다.

8. 뜨거울 때 레몬즙을 곁들여 낸다.

9. 프래터라는 이름은 캐럴을 뛰어넘는 혼성어를 만들어본 것이다. 과일fruit, 밀가루 반죽batter, 튀김fritter, 살찌다fatter의 네 가지 의미를 한 단어 안에 담았다.

꽃 샐러드

"알파벳은 당연히 알겠지?"
붉은 여왕이 앨리스에게 물었다.
"물론이시요."
앨리스가 대답했다.
"나도 알아."
하얀 여왕이 소곤거렸다.
"앞으로 종종 같이 외우게 될 거야. 그리고 이건 비밀인데, 난 한 글자 단어까지 읽을 수 있어! 대단하지? 넌 못

해도 실망하지 마. 조금 있으면 너도 읽게 될 거야."

이때 붉은 여왕의 질문 공세가 다시 시작되었다.

"쓸모 있는 질문에는 대답할 수 있나? 빵은 어떻게 만들지?"

"그쯤은 알아요!"

앨리스가 의욕적으로 대답했다.

"밀가루를 가져다가……"

"꿀밀 가루? 꿀을 모으는 꽃가루 말이냐? 그걸 어디서 모아 오지? 꽃밭이나 숲에서?"

하얀 여왕이 물었다.

"아니, 모아 오는 게 아니고요. 밀을 갈아서……"

앨리스가 설명을 하려는데 하얀 여왕이 다시 물었다.
"꿀밀을 갈자면 벌집을 몇 통이나? 그렇게 대충 얼버무리면 안 되지."

『거울 나라의 앨리스』 제9장 중에서

아카시아꽃 / 호박꽃 / 로즈마리꽃/ 보리지꽃 / 서양앵초꽃 / 딱총나무꽃 / 금송화 꽃잎 / 한련화 꽃잎과 봉오리 /

샐러드용 채소

올리브오일

식초

1. 식용으로 널리 알려진 위의 꽃들을 준비한다.
2. 뜨거운 물로 꽃잎을 헹군다.
3. 물기를 빼고 식힌다.
4. 양상추, 파슬리, 타임, 차이브, 수영 잎, 채 썬 양배추나 시금치 등 구할 수 있는 샐러드 채소들을 폭신하게 낀다.
5. 채소 가운데 부분에 꽃을 얹는다.
6. 올리브오일과 식초로 만든 드레싱을 곁들여 낸다. (꿀)밀이 들어 밀 못지않게 먹을 만한 꽃들도 더러 있음을 알게 될 것이다.

앨리스를 위한 축배

바로 그때 문이 벌컥 열리고, 카랑카랑한 음성의 노랫소리가 들렸다.

거울 나라 온 세상에 앨리스가 말했노라.
"내 손 안에 홀이 있고, 내 머리에 왕관 있으니,
거울 나라 백성들은 누구 무엇 가릴 것 없이 모두 와서
만찬을 들라, 붉은 여왕, 하얀 여왕 그리고 나와 함께!"

그리고 수백 명이 소리를 모아 합창을 했다.

어서 빨리 잔을 채우고,
단추와 밀기울을 식탁에 뿌려라.
커피에는 고양이를, 홍차에는 쥐를 넣어라.
만세 삼창 서른 번으로 앨리스 여왕을 환영하라.

합창이 끝나자 왁자지껄한 만세 소리에 앨리스는 의아해졌다. '3 곱하기 서른 번이면 만세가 아흔 번인데, 누가 과연 그걸 세고 있을까?' 잠시 소음이 다시 잠잠해지더니, 아까의 카랑카랑한 음성이 노래의 다음 절을 부르기 시작했다.

앨리스가 말하기를,
"오, 거울 나라 백성들아, 가까이 오라!
나를 보는 영광, 내 음성을 듣는 은혜를 누리라.
붉은 여왕, 하얀 여왕 그리고 나와 나란히
정찬을 들고 차를 마시는 특전을 누리라!"

그리고 다시 합창이 이어졌다.

당밀과 잉크로 잔을 가득 채워라.
즐거이 마시면 무엇이라도 좋으리.
사과주에는 모래를, 포도주에는 양털을 섞고,
아흡의 아흔 배 만세로 앨리스 여왕을 환영하라!

『거울 나라의 앨리스』 제9장 중에서

사과주 …… 1병

각설탕 …… 8개

오렌지 …… 2개

정향 …… 8알

강판에 간 넛멕 …… 1티스푼

시나몬스틱 …… 1개

물 …… 8티스푼

럼 …… 4테이블스푼

브랜디 …… 4테이블스푼

1. 오렌지 하나의 겉면에 설탕을 문질러 겉껍질을 벗겨낸다.

2. 겉껍질을 벗겨낸 오렌지를 반으로 자르고, 냄비에 즙을 짠다.

3. 남은 오렌지 하나를 8등분한다.

4. 오렌지 조각 하나당 정향을 한 알씩 박고 넛멕을 뿌린다.

5. 오렌지를 냄비에 담고 물과 시나몬스틱을 넣는다.

6. 레몬 껍질을 가늘게 채 썰어 냄비에 넣는다.

7. 설탕이 녹을 때까지 중약불로 가열한다.

8. 5분간 뭉근히 끓인다.

9. 불에서 내려 식힌다.

10. 시나몬스틱을 건져낸다.

11. 사과주를 넣고 다시 가열한다.

12. 럼과 브랜디를 넣는다.

13. 따뜻하게 데운 펀치 그릇에 담아 뜨겁게 낸다.

14. "아홉의 아흔 배 만세로 앨리스 여왕을 환영한다!"

양고기 다리 구이

상석에는 의자 세 개가 놓여 있었다. 그중 두 자리는 붉은 여왕과 하얀 여왕이 벌써 차지했고, 가운데 자리가 비어 있었다. 앨리스는 비어 있는 그 자리에 앉으면서 누군가 말을 해, 이 불편한 침묵을 깨주기를 간절히 바랐다.

마침내 붉은 여왕이 입을 열었다.

"수프와 생선 요리는 이미 지나갔어. 여봐라, 고기 요리를 내오거라!"

그러자 식사 시종들이 양고기 다리를 가져와 앨리스 앞에 놓았다. 뼈째 익힌 덩어리 고기를 직접 잘라 본 경험이 없는 앨리스가 불안한 눈으로 고기를 쳐다보았다.

"서먹한 모양이로구나."

붉은 여왕이 앨리스에게 말했다.

"양고기 다리에게 내가 소개해주마. 앨리스, 이쪽은 양고기다. 양고기, 이쪽은 앨리스다."

그러자 양고기 다리가 접시에서 발딱 일어나 앨리스에게 허리를 굽혀 인사를 하는 것이다. 앨리스도 얼결에 답례 인사를 하긴 했지만, 떨어야 할지 웃어야 할지 통 알 수가 없었다.

"한 조각 잘라 드릴까요?"

포크와 나이프를 손에 든 앨리스가 양쪽 여왕을 번갈아 보며 물었다.

"당치않은 소리!"

붉은 여왕의 말투가 단호했다.

"누가 됐든 소개받은 상대를 자르는 건 예의가 아니다. 여봐라, 고기를 치워라!"

그러자 식사 시종들이 고기를 가져가고 대신 커다란 건포도 푸딩을 가져왔다.

『거울 나라의 앨리스』 제9장 중에서

양고기 다리

밀가루

소금

후추

허브, 취향껏

1. 깊숙한 오븐용 그릇에 고기를 담는다.

2. 고기에 지방이 별로 없으면, 따로 비계나 고기에서 나온 기름을 넣어준다.

3. 소금, 후추, 허브를 넉넉히 뿌린다.

4. 고기에 밀가루를 묻힌다.

5. 섭씨 260도로 예열해둔 오븐에 그릇을 넣는다.

6. 고온에서 15분 동안 익혀 육즙을 가둔다. 그런 다음 약 섭씨 177도로 온도를 낮춘다.

7. 10분에 한 번씩 뜨거운 기름을 고기에 끼얹으며 계속 굽는다.

8. 양고기 구이에 알맞은 시간은 고기 1파운드 당 20~25분, 거기에 20~25분을 더 추가해서 계산한다.

9. 계산한 조리 시간의 절반쯤 지났을 때 고기를 한 번 뒤집고 아랫면에 밀가루를 뿌린다.

10. 다 익으면 고기를 꺼내 접시에 얹는다.

11. 조리 과정에서 나온 기름을 따라내고 갈색 침전물, 즉 육즙만을 남긴다.

12. 육즙이 담긴 오븐용 그릇을 중약불에 얹는다. 소금 1/2테이블스푼, 끓는 물이나 육수 1/2파인트를 넣고 잘 젓는다. 그릇 안쪽에 붙어 있는 고기 육즙까지 잘 긁어 넣는다. 그렇게 만들면 그레이비소스 완성이다!

13. 다시 고기에게 돌아가, 예의를 갖춰 먹기 좋게 자른다.

요술 푸딩

"푸딩은 소개받지 않을래요. 그러지 않으면 저녁 내내 쫄쫄 굶을 것 같아요. 푸딩 좀 드릴까요?"

앨리스가 재빨리 말하자 붉은 여왕이 못마땅한 얼굴로 불퉁스레 말을 뱉었다.

"푸딩, 이쪽은 앨리스다. 앨리스, 이쪽은 푸딩이다. 여봐라, 푸딩을 치워라!"

여왕의 말이 떨어지기 무섭게 식사 시종들이 푸딩을 치워가 버려 앨리스는 푸딩의 인사에 답례할 겨를도 없었다. 어째서 붉은 여왕만 명령을 내려야 하는지 앨리스는 이해가 되지 않았다. 그래서 시험 삼아 큰소리로 외쳤다.

"시종! 푸딩을 다시 가져오거라!"

그랬더니 마치 요술처럼 순식간에 푸딩이 다시 나타났다. 푸딩이 너무 커서 양고기를 마주했을 때처럼 거북한 마음이 드는 것은 어쩔 수가 없었다. 그렇지만 앨리스는 애써 이런 마음을 누르고 푸딩을 한 조각 잘라 붉은 여왕에게 건넸다.

"이렇게 무례할 수가! 만약 내가 네 몸에서 조각을 잘라낸다면 네 기분이 어떨 것 같으냐?"

느끼하고 걸걸한 목소리로 힐난하는 푸딩 앞에서 앨리스는 뭐라 대꾸할 말이 없었다. 그저 잠자코 앉아 숨죽인 채 푸딩을 바라볼 뿐이었다.

『거울 나라의 앨리스』 제9장 중에서

뜨거운 우유 …… 1/2파인트

빵가루 …… 16테이블스푼

설탕 …… 8테이블스푼

잘 풀어 놓은 달걀 …… 4개

채 썬 수이트 …… 1/2파운드

씨 있는 굵은 건포도 …… 1/2파운드(잘게 다져 밀가루를 묻혀 준비)

다진 무화과 …… 1/2파운드

믹스 필 …… 2온스

브랜디 …… 4테이블스푼

강판에 간 넛멕 …… 1티스푼

시나몬 …… 1티스푼

메이스 …… 1/4티스푼

소금 …… 1과 1/2 티스푼

1. 커다란 믹싱볼에 빵가루를 담고 우유를 부어 적신다.

2. 우유가 식으면 설탕, 달걀, 건포도, 무화과, 믹스 필을 넣는다.

3. 크림 상태가 될 때까지 잘 젓는다.

4. 수이트, 브랜디, 넛멕, 시나몬, 메이스, 소금을 넣고 잘 젓는다.

5. 반죽이 뻑뻑한 정도지만 너무 말라 있으면 안 된다. 필요하면 우유를 조금 더 붓는다.

6. 푸딩용 그릇에 버터를 바른다.

7. 그릇의 2/3 높이까지 반죽을 붓는다. 더 부으면 나중에 푸딩이 부풀어오를 공간이 부족하다.

8. 쿠킹호일로 그릇 윗면을 단단히 감싼다.

9. 큰 냄비 안에 푸딩용 그릇을 담는다.

10. 그릇 높이의 절반까지 오도록 냄비에 뜨거운 물을 붓는다.

11. 냄비 뚜껑을 덮는다.

12. 세지 않은 불에서 6시간 동안 끓인다. 끓이면서 증발한 만큼 물을 채워준다.

13. 푸딩 그릇을 꺼내 차가운 물에 몇 초 담가 식힌다.

14. 꺼낸 즉시 바로 먹는다. 나중에 먹으려면 쿠킹호일을 새로 덮어 서늘한 곳에 두었다가, 먹기 전에 2시간을 새로 끓여낸다.

15. 커스터드소스나 크림을 곁들인다. 차가운 럼버터를 곁들여도 좋다. 럼버터는 따뜻한 그릇에 버터 3온스, 아이싱 설탕 3온스, 럼 3테이블스푼을 넣고 충분히 휘저어 만든다.

16. 끝으로 모든 대화를 푸딩에게만 맡겨두지 않도록 신경 쓰는 게 좋다.

캐럴이 그린 캐럴「강의할 때 내 모습」

부록 1
정신의 식생활

 아침, 저녁, 오후 티타임. 혹은 심한 경우 아침, 점심, 저녁, 오후 티, 저녁 정찬 그리고 잠자리에 들기 전 따끈한 한 잔까지. 몸을 먹이느라 이렇게 지극정성이니 우리 몸은 참 운이 좋다. 그런데 정신에도 이만큼 신경을 쓰고 있나? 그렇지 않다면 무엇이 정신과 몸, 둘 사이에 이런 차이를 만들까? 몸이 마음보다 그토록 더 중요해서일까?
 결코 그건 아니다. 그러나 몸을 잘 먹이는 일에 사람 목숨이 달린 것은 사실이다. 반면 정신이 굶주리고 방치되어도, 우리는 (사람이 못 될지언정) 동물로나마 생존할 수 있다. 몸을 심각하게 방치하면 불편과 고통이라는 무시무시한 결과가 뒤따르고 그리하여 몸을 돌봐야 할 우리의 의무를 새삼 깨닫게 되는 것이 자연의 섭리다. 다행히 생명 유지에 반드시 필요한 몇 가지 기능은 자연이 대신해주어, 우리가 선택하고 말고 할 것이 따로 없다. 만일 몸의 소화와 순환을 감독하는 일이 우리에게 맡겨진다면 대부분 삶이 참 고달파질 것이다. "아차! 오늘 아침 깜박 잊고 심장에 태엽을 안 감았네! 지난 세 시간 동안 심장이 멈춰서 있었을 생각을 하니 아찔하구먼!" 이런 소리도 들릴 테고. "오늘 오후에는 함께 산책하러 못 가겠네, 자그마치 열한 번의 식사를 소화시켜야 해서. 지난주 내내 너무 바빠서 차일피일 미뤘더니, 주치의 말이, 더 이상 지체하면 자기도 결과를 장담 못 한다는 게 아닌가!" 이런 친구도 있을 테니.

물론 몸을 방치하면 그 결과를 똑똑히 보고 생생하게 느낄 수 있다는 건 다행이다. 마찬가지로 정신도 눈으로 보고 손으로 만질 수 있다면, 그래서 예컨대 의사에게 가져가 진찰을 받아볼 수 있다면 좋을 텐데 말이다.

"이런, 최근 들어 정신을 어떻게 다루신 겁니까? 밥은 제대로 먹이셨어요? 안색이 창백하고 맥박이 상당히 둔합니다."

"그게 말이지요, 요즘 정상적인 식사를 챙기지 못했습니다. 어제는 사탕을 잔뜩 먹였고요."

"사탕을요? 어떤 종류였나요?"

"저기, 수수께끼를 한 묶음……"

"아, 그럴 줄 알았어요. 이점만 명심하세요. 그렇게

계속 유치한 짓을 일삼으시면, 치아 손상은 물론이고 정신의 소화불량으로 드러눕게 될 겁니다. 앞으로 며칠간은 가장 달지 않은 독서 외에는 모두 금지입니다. 조심하세요! 이유 여하를 막론하고 소설은 안 됩니다!"

몸에 음식과 약을 챙겨 먹이느라 고생한 경험이 얼마나 많은지 생각해보면, 몸의 규칙을 마음에 상응하는 규칙으로 치환해보는 것도 꽤 보람된다.

몸에 그렇듯 마음에도 적절한 종류의 음식을 공급하려고 노력해야 한다. 무슨 음식이 몸에 맞고 무슨 음식이 맞지 않는지 깨닫기까지는 오랜 시간이 걸리지 않는다. 먹음직스런 푸딩이나 파이가 기억 속에서 끔찍한 소화불량과 결부되고, 이름만 들어도 대황(rhubard 뿌리가 소화불량에 좋은 약재로 쓰인다-옮긴이)과 제산제가 자동으로 연상되다 보면, 별로 어렵지 않게 곧 그 음식을 피하게 된다. 하지만 우리가 즐겨 읽는 글들이 얼마나 정신의 소화불량을 유발하는지를 납득하기까지는 숱한 경험의 가르침이 필요하다. 그래서 건강에 해로운 소설을 끼니로 삼다가 무기력, 의욕상실, 권태의 연쇄반응, 한마디로 정신적 악몽에 뻔히 시달리는 악순환이 되풀이된다.

몸에 좋은 음식을 직딩힌 양만큼 공급하도록 신경을 써야 한다. 정신적 과식, 다시 말해 과잉 독서는 위험

한 성향이다. 소화력을 떨어뜨리고 때로는 식욕을 감퇴시키는 결과를 가져온다. 빵이 아무리 맛있고 건강한 음식인들 앉은 자리에서 큰 덩어리로 두세 개씩 먹어치우라고 하면 순순히 응할 사람이 몇이나 되겠는가?

전에 의사와 환자의 대화를 들은 적이 있다. 과식과 운동 부족이 문제인 환자에게 의사가 "영양 과다의 초기 증세가 지방세포의 축적"이라고 설명해주었다. 갈수록 뱃살이 늘어지는 딱한 남자에게는 아마 그 긴 전문용어가 퍽 위로가 되었을 것이다.

'정신의 비만'이라는 게 실제로 있을까? 그런 경우를 지금까지 한두 번 보기는 보았다. 속도가 느리디느린 대화를 따라가지 못한다든지, 아무리 해도 논리의 경계를 뛰어넘지 못한다든지, 편협한 주장에서 한 발짝도 벗어나지 못한다든지, 세상을 무력하게 어기적거리는 것 외에는 아무것도 하지 못하는 사람들이었다.

또 한편으로, 음식이 건강에 좋고 양이 적절하다 하더라도 너무 다양한 종류를 한꺼번에 섭취해서는 안 된다. 목마른 사람에게 맥주 1리터나 사과주 1리터 혹은 냉차라도 1리터 갖다 주면 아마 고맙다고(냉차의 경우에는 썩 진심이 아닐지라도) 할 것이다. 그러나 작은 컵에 각각 맥주, 사과주, 냉차, 뜨거운 차, 커피, 코코아, 우유, 물, 물 탄 브랜디, 버터밀크 등등을 담아 한꺼번에 내밀면, 그 사람의 기분이 어떨까? 모두 합한 총량이 1리터로 같다 해서 갈증을 해소하는 효과도 비슷할까?

정신에 공급하는 음식의 종류와 양과 가짓수가 해결된 뒤에도 주의할 사항이 또 남는다. 끼니와 끼니 사이에 적당한 간격을 두어야 하는 점 그리고 음식을 충분히 씹지 않고 급하게 삼키면 소화가 제대로 안 된다는 점이다. 이 두 가지는 몸에 적용되는 규칙인 동시에 마음에도 적용된다.

우선 끼니와 끼니 사이의 간격을 보자면, 몸에 필요한 만큼 마음에도 반드시 필요하다는 것은 두말할 나위가 없으나 한 가지 차이가 있다. 다음 끼니까지 몸에 필요한 휴식이 서너 시간 정도라면, 대개의 경우 정신은 삼사 분의 휴식이면 족하다. 실제 필요한 간격은 흔히들 생각하는 것보다 훨씬 짧다는 게 내 생각이다. 몇 시간 동안 한 가지 주제에 내리 몰두해야 하는 사람에게 나는 내 개인적인 경험을 바탕으로 짬 휴식의 효과를 권유하고 싶다. 예컨대 한 시간에 한 번씩, 더도 덜도 말고 5분만 하던 일을 중단하되, 그 5분만큼은 정신의 무장을 완전히 해제하고 전혀 다른 일에 주의를 돌려보는 것이다. 그 잠깐의 휴식으로 정신의 추동력과 탄력이 얼마나 회복되는지 놀라울 정도다.

다음으로 음식을 씹는 행위를 정신 활동에 비추어 보자면, 읽은 바를 곱씹어 숙고하는 과정이 여기에 해당한다. 책의 내용을 단순히 수동적으로 받아 담는 것보다 훨씬 더 정신이 수고로운 일이다. 얼마나 대단한 수고로움인지 코울리지*Samuel Taylor Coleridge*의 말을 빌리면, 정신이 그런 고생을 "화를 내며 거부하는" 일이 잦을 정도라 한다. 너무 수고스러워서 아예 외면해버리고 차라리 새로운 음식을 들이붓기 십상이라는 것이다. 소화되지 않고 쌓인 것이 이미 한 무더기인데 그렇게 계속 붓다가는 결국 불운한 정신이 음식의 홍수에 빠져 허우적거리기에 이른다.

그러나 수고로움이 클수록 결과가 더 값질 수 있다. 한 가지 주제를 꾸준히 숙고하는(혼자 하는 산책이야말로 어느 것 못지않게 좋은 숙고의 기회다) 한 시간의 가치가 단순한 독서 두세 시간에 맞먹는다. 읽은 책을 완전히 소화해서 얻는 효과는 여기서 그치지 않는다. 읽은 주제들을 머릿속에 정리해서 '번호표'를 붙여 분류해두면, 필요할 때 손쉽게 찾아볼 수가 있다. 샘 슬릭(*Sam Slick* 캐나다 작가 핼리버튼*Thomas Chandler Haliburton*이 쓴 풍자문학 시리즈의 주인공-옮긴이) 역시 몇 가지 외국어를 배웠지만 머릿속에 "분류를 못 해 뒤죽박죽"이라고 하지 않던가. 소화되고 정리되기를 기다리지 못하고 급하게 이 책 저 책 뒤적이다가 정신이 뒤죽박죽 상태에 이르는 사례가 더러 있다. 주위 친구들은 그 사람을 보고 이렇게 생각할 것이다. "빈틈없는 다독가이지. 어떤 주제가 나온들 당황하는 법이 없어." 그러나 정작 이 불운한 정신의 소유자는 스스로 이런 기대에 부합하는 인물이 못 된다는 사실을 깨닫는다.

그런 빈틈없는 다독가가 있다 해보자. 예를 들어 그에게 영국사에 관해(듣자하니 최근 토마스 매콜리*Thomas Macaulay*의 영국사 책을 다 읽었다 한다) 질문을 하나 던진다. 그 사람은 넉넉한 미소를 지으며 마치 다 알고 있는 듯한 표정을 지어 보이고는, 해답을 찾아 머릿속을 헤집기 시작한다. 제법 유망한 사실을 한 줌 건져 올리는데, 검토해보니 다른 시대 이야기다. 다시 뛰어든다. 두 번째 건져 올린 것은 훨씬 더 정답에 근사한 사실이지만, 안타깝게도 다른 것들이 한데 엉켜 딸려 나온다. 정치경제학적 사실, 연산법칙, 조카들 나이, 토마스 그레이*Thomas Gray*의 「비가悲歌」 한 소절 등등에 그가 원하는 사실이 얽히고설켜 풀어낼 가망이 없다. 주위에서는 모두가 그의 대답을 기다리고 시간이 흐를수록 침묵이 어색해지는 상황이라, 우리의 다독가 친구는 더듬더듬 반절의 대답이라도 기어이 내놓아야 하는데, 평범한 학생이 내놓는 대답이 이보다는 더 분명하고 흡족했을 것이다. 이렇게 된 것은 모두 자기의 지식을 적절히 나누어 묶고 분류해두는 과정이 부족했던 탓이다.

무분별한 정신적 식생활의 피해자가 눈앞에 있다면 과연 알아볼 수 있을까? 누구인지 추측해볼 수 있을까? 도서관 열람실을 지루하게 서성거리면서 이것저것 맛을 보고, 아니지, 이 책 저 책 들춰보고, 어느 하나를 진득하게 파고들지 못하는 사람이 있는가 한번 보라. 처음에는 소설을 찔끔, 그런데 아차, 지난주 내내 소설 외에는 먹은 것이 없어 이제 그것도 싫증이 나는 모양이다. 다음엔 과학을 살짝 들춰보지만, 결과를 두고볼 것도 없이, 이 사람이 씹기에는 당연히 과학이 너무 질기다. 그런 식으로 지루하게 한 바퀴 순례를 도는데, 사실 어제도 실패했고, 아마 내일도 실패할 것이다.

올리버 웬델 홈즈 교수(*Oliver Wendell Holmes* 미국의 생리학자이자 시인이며 하버드대학의 교수로 35년간 재직했다-옮긴이) 책 중에 『아침식탁의 교수*The Professor at the Breakfast Table*』라는 재미있는 책이 있다. 이 책에서 홈즈 교수는 젊은이와 노인을 구별하는 기준을 이렇게 제시한다. "여기서부터가 결정적인 실험이다. 의심이 가는 인물에게 저녁식사 바로 10분 전에 큼직한 단 빵을 하나 권해보라. 빵을 선뜻 받아 한입에 꿀꺽 삼키면, 젊은이라는 사실이 입증된 것이다." 인간이 "젊을 때는 밤낮을 가리지 않고 무엇이든 먹는다"는 것이 홈즈 교수의 말이다.

인간이라는 동물의 정신적 식욕이 얼마나 건강한지 확인하려면, 대중적인 대상을 다룬 짧은 논문을 한 편

손에 쥐여줘 보라. 잘 쓴 글이되 너무 흥미진진하지 않은 글이 좋다. 말하자면, 이게 정신의 단 빵인 셈이다. 만일 진지한 관심을 보이며 이 글을 온전히 집중해서 읽는다면, 읽고 나서 글의 주제에 관한 질문에 대답할 수 있다면, 정신의 활동상태가 매우 원활하다는 뜻이다. 만일 글을 공손하게 다시 내려놓거나, 아니면 이삼 분 슬렁슬렁 넘겨보고 나서 "이건 지루해서 못 읽겠네요. 『미스테리 살인』 2편이나 주시지요?" 이렇게 나오면 정신적 소화에 문제가 있다고 보아도 무방하다.

   이 글이 독서라는 중요한 주제에 대해 소소하나마 유익한 도움말이 되었기를, "읽고 기록하고 배우고 안으로 소화하는" 것이 우리의 관심사일 뿐만 아니라 우리의 의무임을 깨닫는 계기가 되었기를 바란다. 그럼 그것으로 이 글은 목표를 이룬 셈이다.

부록 2
만찬에서의 에티켓 몇 가지

식사 예법을 간략히 소개하는 이 글은 1855년 10월 13일, 당시 주간지 『펀치Punch』의 경쟁사였던 『더 코믹 타임즈The Comic Times』에 처음 발표되었다. 1865년 출간된 『이상한 나라의 앨리스』보다는 10년, 1871년에 출간된 『거울 나라의 앨리스』보다는 16년이나 앞섰다. 캐럴은 후에 가족들에게 즐거움을 주고자 직접 편집한 가족잡지 『미쉬매쉬』에 이 글을 다시 수록했다. 이 책의 마무리로 이보다 더 적합한 글은 없을 듯하다. 유머와 결벽증으로 하루의 모든 일과를 엮었던 루이스 캐럴에게서 이 책의 모든 영감이 출발했으므로.

대중의 취향에 부응하고자, 우리는 사교계의 습속에 익숙하지 않은 모든 만찬 참석자들에게 양심껏 이 소책자를 권하는 바다. 저자의 논의가 충고보다는 경고에 국한된 것이 못내 안타깝긴 하나, 이 책의 진술 어디에도 상류층의 관습에 어긋나는 내용은 없다는 점을 확실히 밝혀둔다. 보기 드문 깊은 통찰과 풍부한 경험을 보여주는 예시들을 소개한다.

Ⅰ

만찬장으로 이동할 시, 신사는 에스코트하는 숙녀에게 한 팔을 내민다. 양팔을 모두 내미는 일은 흔치 않다.

Ⅱ

한 자리 건너 앉은 신사와 수프를 함께 먹는 관행은 다행히 더 이상 찾아볼 수 없다. 그러나 첫 코스를 치우는 즉시 주인에게 날씨에 대한 견해를 묻는 관습은 여전히 만연하다.

Ⅲ

수프를 먹을 때 포크를 사용함으로써 여주인에게 비프스테이크를 먹을 때 쓰려고 스푼을 남겨 두고 있음을 넌지시 알리던 관행은 완전히 타파되었다.

Ⅳ

당신 자리 앞에 고기 요리가 놓여 있다. 당신이 먹겠

다면 누구도 당신 의사에 이의를 달기는 어려울 것이다. 그렇더라도 그렇게 미묘한 상황에서는 주변 사람들의 처신을 지침 삼아 전적으로 따르는 것이 좋다.

V

삶은 사슴고기에 아티초크 젤리를 곁들여 달라는 요청은 언제나 허용된다. 하지만 젤리를 제공하지 않는 집들도 있는 법이다.

VI

카빙포크 두 개로 칠면조 구이를 나누는 행동은 못할 것까지는 없지만 품위가 떨어진다.

VII

한 손에 나이프와 포크, 다른 손에 스푼과 와인 잔을 들고 치즈를 먹는 관습은 권하고 싶지 않다. 아무리 연습을 많이 하여 능숙하다 해도 동작의 거북함을 완전히 털어낼 수 없다.

VIII

원칙적으로, 맞은편에 앉은 신사와 개인적으로 친분이 없는 사이라면 그 사람 정강이를 식탁 밑에서 걷어차는 건 안 될 일이다. 악의 없는 동작이 오해를 사게 되어,

백이면 백 불쾌한 상황이 초래된다.

IX

식탁을 치우자마자 소년 급사의 건강을 위해 축배를 제안하는 것은 에티켓을 엄격히 준수해서라기보다 소년의 어린 나이를 배려해서 생겨난 관습일 뿐이다.

옮긴이의 말

올해는 『이상한 나라의 앨리스』가 책으로 출간된 지 150년 되는 해다. 해마다 이어진 축하인사가 유난히 더 떠들썩했다. 새로운 그림으로 단장한 『앨리스』 책들이 쏟아져 나오고, 뮤지컬, 발레, 연극, 전시에서 더 많은 앨리스들이 태어났다. 앨리스에 대해 몰랐던 사실을 알려주겠다는 작가들, 앨리스의 말과 생각과 행동을 이해하도록 도와주겠다는 해설자들도 당연히 늘었다. 완결을 모르는 이야기처럼 '앨리스의 이상한 나라'는 150년째 형태를 바꿔가며 지평을 넓혀가고 있다. 그리고 완결을 모르는 이야기의 주인공답게 앨리스는 150년째 늙지도 않고 변신과 변모를 거듭하고 있다. 줄곧 일곱 살에서 일곱 살 반을 살고 있지만, 대신 150살을 살아도 겪지 못할 늘어남과 줄어듦을 어느 화창한 오후에 매번 겪는다.

　루이스 캐럴, 존 테니얼, 아서 래컴, 머빈 피크, 헬렌 옥슨버리, 토베 얀손, 앤서니 브라운, 애너 본드, 쿠사마 야요이…… 이들은 모두 앨리스 이야기에 그림을 그린 작가들이다. 저마다 목격한 앨리스를 그림으로 표현한 사람들의 줄은 앞으로 더 길어질 것이다. 이들의 앨리스는 모두 다른 눈빛이고 다른 얼굴이다. 디즈니의 앨리스와 팀 버튼의 앨리스는 몸짓도 다르고 걸음걸이도 다르다. 누구의 앨리스가 더 마음에 든다고 말할 수는 있지만, 누구의 앨리스가 진짜고 나머지는 가짜라고 말할 수는 없다. 앨리스 스스로도 아침에 눈 떴을 당시의 나와 오후의 내가 같은 사람인지 대답하지 못한다. 그래서 이렇게 많은 얼굴이 있어도 앨리스는 다시 책장을 빠져나와 자꾸만 새로운 얼굴을 입고 다른 토끼 굴로 들어간다.

　그림으로 앨리스를 증언하는 삽화가들과 달리 언어의 흔적을 쫓아 앨리스를 추적하는 이들도 많다. "그림도 대화도 없는 책"은 재미가 없으므로 이들은 부지런히 앨리스에게 말을 건다. 앨리스가 발을 들인 이상한 나라에서는 말의 앞과 뒤가 맞지 않고, 들리는 바와 뜻하는 바가 다르고, 보이는 바와 말하는 바가 다르다. 추론이 꼬리에 꼬리를 물지만 논리는 어느 사이 실종되고, 무언가에 한없이 골몰해 있지만 정작 말이 겨냥하는 한가운데는 텅 비어 있다. 농담과 진담이 얽히고 합리와 불합리가 설킨 세계에서 앨리스는 매번 수수께끼를 맞닥뜨린다. 모두들 규칙을 아는 세계에서 앨리스는 규칙의 엄정함에 딴지를 거는 유일한 질문자다. 앨리스와 수수께끼를 함께 풀기 위해 사람들은 문학과 언어학과 심리학과 정신분석학의 지식을 동원한다. 앨리스를 이 세계로 던져 넣은 루이스 캐럴의 옥스퍼드로 돌아가 옥스퍼드의 문화를 추적하고 캐럴의 머릿속을 파헤친다. 주석을 달고 주석에 또 주석을 첨부해서 처음의 몇 배만큼 책의 무게를 더하기도 한다. 루이스 캐럴의 꼼꼼한 기록을 더 꼼꼼하게 확인하고 분석해서 그동안 몰랐던 정보와 사실들을 엮어 새로운 이야기를 구성하기도 한다.

그런데 정보와 사실의 그물은 촘촘하면 할수록 점점 더 많은 구멍을 노출한다. 마치 존 테니얼의 그림처럼 정확하고 사실적인 선들이 합쳐져 어떤 비유보다 더 이상한 비현실성을 자아낸다. 캐럴의 논리적 불합리를 합리적 논리로 해석하려는 시도는 종종 상상과 비약과 은유의 필요성을 스스로 증명해 보이곤 한다.

앨리스의 수수께끼를 풀기 위해 사람들은 거듭 1862년 7월 4일의 "황금빛 오후"로 돌아긴다. 찰스 럿위지 도지슨 씨가 친구인 덕워스를 대동하고 리델 학장의

세 딸과 강가로 소풍을 갔던 그날 오후, 앨리스의 이야기가 태어났다. 도지슨 씨도, 도지슨 씨의 영감의 원천이었던 앨리스 리델 양도 그날 오후를 "황금빛"으로 기억한다. 그런데 꼼꼼한 사람들이 런던의 기상자료를 뒤져 찾아낸 사실은 이들의 기억과 충돌한다. '사실' 그날 오후는 "서늘하고 습했다"고 한다. 한차례 비가 퍼부었을 수도 있다. 어떤 이들은 이 사실로 미루어 도지슨 씨와 리델 양이 다른 날의 오후와 이날 오후를 혼동했을 거라고 풀이한다. 어쩌면 그랬을지도 모른다. 아니 어쩌면 변덕스런 런던의 하늘이 어느 순간 그들 일행에게 반짝하니 맑은 하늘을 내보인 순간이 있을지 모른다. 어쩌면 이야기의 통로를 따라 을씨년스런 강가를 벗어나 앨리스가 언니 옆에 앉아 꾸벅꾸벅 졸던 볕 좋은 강가에 다녀왔을지도 모른다. 사실의 확인으로 '그날' 오후는 매끈하게 재구성되지 않는다. 오히려 더 많은 '어쩌면'을 상상할 여지가 넓어진다.

책장 안의 정연한 논리를 요리조리 스르르 빠져나간 『앨리스』는 마치 분신술을 부리듯 모방과 풍자와 각색을 곳곳에 남긴다. 앨리스의 인기에 편승해 보려고 앨리스의 이름과 말 한마디만 빌어다 쓰고 마는 아류들도 많다. 그러나 앨리스의 풍성한 텍스트에 두고두고 일조하는 퍼즐 조각들도 있다. 『이상한 나라의 앨리스 레시피』는 『앨리스』의 장난에 짓궂게 응대하는 일종의 패러디다. 방송연출가이자 아마추어 마술사라는 이력답게 지은이 존 피셔는 앨리스의 분신술에 주목한다. 몸을 나누어 공간을 가로지르는 분신술에는 트릭이 필요하다.

『앨리스』에서 그 트릭은 검은 휘장과 유리받침이 아니라 음식이다. 앨리스는 케이크와 음료와 버섯을 먹고 마시며 몸을 줄여 문을 빠져나가고 몸을 키워 자기를 지킨다. 무엇을 먹을까 고민하고 어떻게 먹히지 않을지 궁리하는 건 앨리스 혼자가 아니다. 『앨리스』에 등장하는 생명체들은 그게 누구든 무엇이든 먹고 먹히는 문제에 골몰한다. 『앨리스』에서 음식은 실재하는 트릭이고 실현되지 않은 발명이며 좌절되기 일쑤인 기대다. 그리고 가짜 거북, 버터바른빵나비, 활활건포도잠자리처럼 존재를 불러내는 이름이기도 하다. 가짜 거북 수프는 예상과 달리 '진짜' 있는 음식이다. 비싼 거북 대신 소의 여러 부위로 끓이는 가짜 거북 수프에서 '진짜' 가짜 거북을 불러낸 것이다.

『이상한 나라의 앨리스 레시피』에도 루이스 캐럴의 장난기가 체셔고양이의 웃음마냥 어른거린다. 예를 들어 '꽃 샐러드'를 소개하는 대목을 보자. 빵을 어떻게 만드는지 아느냐는 물음에 앨리스는 자신 있게 '밀가루 *flour*'로 만든다고 대답한다. 하얀 여왕은 역시나 '플라워'를

'꽃flower'로 알아듣는다. 밀을 '갈아서ground' 만든다고 앨리스가 말하면 다시 하얀 여왕은 '땅ground을 가느냐고' 되물으며 서로 술래잡기를 계속한다(읽는 이들도 술래잡기의 기분을 맛보자면 들리는 바와 뜻하는 바의 충돌을 느껴야 하겠기에, 본문의 번역은 '밀가루-꿀밀가루-밀을 갈고-벌통을 갈고'로 고쳐보았다). 이 술래잡기는 양측 모두의 완고함이 필요하다. 하얀 여왕은 '들리는 바'의 의미를 포기하지 않고, 앨리스는 '상식'의 의미를 포기하지 않는다. 정색하는 두 사람 사이에서 장난기가 발동한 존 피셔는 능청스럽게 하얀 여왕의 편을 들고 앨리스의 상식을 모른척한다. 그래서 밀가루로 빵을 만드는 대신 '플라워'를 따다 '꽃 샐러드'를 만들자 한다.

거울 나라에 간 앨리스가 탁자 위에 놓인 책을 발견한다. 책 속에는 거울에 비춰봐야 비로소 읽을 수 있는 시가 씌어 있다. 「재버워키」. 존 피셔는 이 책을 「재버워키」의 첫구절로 시작한다.

'Twas brillig

험프티 덤프티가 풀어주지 않았으면 앨리스가 그랬듯 우리에게도 듣기에는 좋으나 뜻을 알 수 없는 소리로 남았을 구절들이다. "오후 네 시, 그러니까 저녁에 보글

보글 밥 짓는 시간."브릴릭. 브릴과 브로일을 연상시키는 이 소리를 우리말로 옮기는 과정은 일반적인 번역의 순서를 흔들어 거꾸로 뒤집어야 했다. 저녁밥을 준비하기 시작하는 오후와 저녁의 중간 즈음이라는 뜻풀이로 우리말을 불러모아 자르고 붙여 새로운 조합을 만들어내기까지 적게 잡아도 수십 갈래의 길이 있다.

저녁 무렵, 해저물 녘, 불일킬 쯤, 지글녁, 밥짓녁, 저불녁, 적나절, 보글녘……

번역의 사례들은 과연 다양했다('브로일'과 닮은 데다 소리에 충실한 번역이라 개인적으로 '지글녁'[최인자 역, 북폴리오]이 가장 선명하게 귀에 꽂혔다. 그러나 열이면 열, 서른이면 서른 가지 길이 가능하기에 새로이 '보글녘'이라는 표현을 만들어봤다). 마틴 가드너의 주석대로라면 "『앨리스』의 새로운 번역이 계속 출간되고 있기 때문에 「재버워키」 또한 최소한 50개의 서로 다른 언어로 번역된 50개의 서로 다른 번역본이 있을 것"이다. 과연 그중 한국어 안에서만도 열 가지, 쉰 가지, 아니 백 가지인들 나오지 말란 법이 없다. 「재버워키」의 시어들은 근처에서 어슬렁거리다 제멋대로 붙어버린 자석 음절들처럼 통쾌하고 짓궂게 의미의 밖에 서 있다.

존 피셔는 여기서 다시 앨리스가 아니라 험프티 덤프티의 편을 들며 '난-센스'의 시어에서 자못 진지하게 센스를 찾아 거기에 실체를 불어넣는다. 브릴릭, 지글녁, 보글녘은 오후 네 시와 여섯 시 사이 어디쯤 앨리스의 분신을 만나러 가는 시간이다. 거나하게 한잠을 자던 앨리스를 깨운 사람은 앨리스의 언니다. 빛나는 오후가 저물어가는 시각, 차 마실 시간에 늦겠다며 언니는 앨리스를 재촉해 보낸다. 그리고 그대로 강가에 앉아 눈을 감고 방금 동생이 다녀온 "그 이상한 나라"를 눈앞에 그려본다. 앨리스가 다녀온 기이한 꿈속 세계에 "이상한 나라 *Wonderland*"라는 딱지를 붙여준 것도 앨리스의 언니다. 브릴릭, 저불녘, 보글녘은 꿈에서 갓 깨어난 앨리스에게서 모험 이야기를 듣는 시각이고, 그곳에 가는 "나"를 상상하는 시간이다.

저녁을 지으려고 불을 올린 화덕의 온기가 온 집안에 훈훈하게 번져가는 시간.

홍차에 살짝 담근 조각 케이크, 레몬 껍질, 정향, 시나몬 냄새가 풍기는 시간.

눈이 감기고 콧구멍이 열리는 시간.

말문이 닫히고 시의 문이 열리는 시간.

앨리스를 만나러 가는 시간으로 우리를 불러모으며 이 책은 시작한다.

서른여섯 가지 레시피는 아마 서른여섯 번씩 만들어도 매번 맛이 다를 것이다.

푸딩은 서른여섯 가지의 황갈색을 띠고 비스킷은 서른여섯 가지의 퍼석퍼석한 소리를 낼 것이다.

무엇보다 앨리스가 들려주는 이상한 이야기는 서른여섯 번을 들어도 매번 새로울 것이다.

2015년 11월 어느 브릴릭, 보글녘

이승민

이상한 나라의 앨리스 레시피

지은이 | 존 피셔
그린이 | 존 테니얼
옮긴이 | 이승민

초판 1쇄 발행 2015년 12월 15일

펴낸곳 | 정은문고
펴낸이 | 이정화
편 집 | 안은미
디자인 | 원선우

등록번호 | 제2009-00047호 2005년 12월 27일
주소 | 서울시 마포구 서교동 473-10 502호
전화 | 02-3444-0223
팩스 | 02-3147-0221
이메일 | jungeunbooks@naver.com
블로그 | blog.naver.com/jungeunbooks
페이스북 | facebook.com/jungeunbooks

ISBN 979-11-85153-09-4 03840

*책값은 뒤표지에 쓰여 있습니다.
*이 도서의 국립중앙도서관 출판예정도서목록(CIP)은
서지정보유통지원시스템 홈페이지(http://seoji.nl.go.kr)와
국가자료공동목록시스템(http://www.nl.go.kr/kolisnet)에서 이용하실 수 있습니다.
(CIP제어번호: CIP2015032296)